4394 | ALFA | EDE

GÜNEŞİN İK

CW01657370

BAHAR ERİŞ

Çocuklarda *üstün zekâ ve yetenek eğitimi* üzerine odaklanmış bir akademisyen ve yazardır. Boğaziçi Üniversitesi Mütercim Tercümanlık Bölümünden mezun olduktan sonra Fulbright bursuyla ABD'ye gitmiştir.
1998-2004 yıllarında New York'ta, Columbia Üniversitesinde öğrenim görmüştür. *Üstün yetenek eğitimi* alanında yüksek lisansını tamamladıktan sonra aynı okuldan doktorasını almıştır. 6 yıllık eğitimi süresince *Teachers College*'da öğretmenlik yapmıştır.
Eriç, Türkiye'ye döndükten sonra, 10 yıl boyunca (2004-2014) Boğaziçi Üniversitesi Eğitim Fakültesinde "üstün yetenek eğitimi" konusunda dersler vermiştir. 2015-2017 yıllarında Bahçeşehir Üniversitesi Üstün Yetenekliler Eğitim Programında yardımcı doçent doktor olarak yüksek lisans derslerine girmiştir.
2017'de uzmanları ve anneleri bir araya getiren MomTalks etkinliğini hayata geçirmiştir. Aileleri bilinçlendirmeyi amaçlayan bu organizasyon, her yıl İstanbul başta olmak üzere Türkiye'nin farklı şehirlerinde düzenlenmektedir.
Alfa Yayınlarından çıkan *Her Çocuk Üstün Yeteneklidir* (24. baskı), *Anne Beynim Aç* (28. baskı), *Çocuklar Nasıl Başarır?* (Mümin Sekman ile birlikte, 50. baskı), *Gölgedeki Yıldızlar* (13. baskı), *Çocuklar Nasıl Başarır? 2* (21. baskı), *Korkmasaydın Ne Yapardın* (28. Baskı), *Senin Yolun Hangisi* (20. Baskı), *Hayatın İlk Üç Yılı* (11. Baskı), *Şimdi Değilse Ne Zaman?* (12. Baskı), *Güneşin İki Yüzü* (21. Baskı), *Düşleyen Düşünen Dönüşen İnsan* (18. Baskı) ve *Sevgiler ve Lolipoplar* (9. Baskı) adlı kitapların yazarıdır. Aynı zamanda 25 yıldır profesyonel simultane çevirmen olarak çalışmaktadır.
Eriş, Türkiye'nin farklı illerindeki okullarda, özel şirketlerde ve kurumlarda ailelere, eğitimcilere ve çalışanlara yonelik eğitimler vermektedir. Eğitimleri ço cuklarda başarı, üstün zeka keşfi ve eğitimi, yaratıcılık, 21. yüzyıl becerileri, yetenek keşfi ve gelişimi konularındadır.
"Her çocuk en iyi eğitimi hak eder" düşüncesini savunan Eriş, her çocuğun içinde *keşfedilmeye değer biricik yetenekler olduğuna* inanmaktadır.

www.drbahareris.com
Instagram.com/dr.bahareris
momtalks.com.tr

Güneşin İki Yüzü

Yayıncı ve Genel Yayın Yönetmeni M. Faruk Bayrak
Genel Müdür Vedat Bayrak
Yayın Yönetmeni Mustafa Küpüşoğlu
Kitap Editörü Özgür Batur
Kapak Tasarımı Alper Zeki
Sayfa Tasarımı Ali Rıza Yati

ISBN 978-625-449-699-8

1-2. Basım: Kasım 2022
20-21. Basım: Ocak 2025

Baskı ve Cilt
Melisa Matbaacılık
Çiftehavuzlar Yolu Acar Sanayi Sitesi No: 8 Bayrampaşa-İstanbul
Tel: (0212) 674 97 23 Faks: (0212) 674 97 29
Sertifika no: 45099

Alfa Basım Yayım Dağıtım San. ve Tic. Ltd. Şti.
Alemdar Mahallesi Ticarethane Sokak No: 15 34110 Cağaloğlu-İstanbul
Tel: (0212) 511 53 03 (pbx) Faks: (0212) 519 33 00
www.alfakitap.com - info@alfakitap.com
Sertifika no: 43949

BAHAR ERİŞ

Güneşin İki Yüzü

ALFA

Anneanneme ve Duygu Asena'ya...

BUGÜN

Her kışın yüreğinde titreyen bir bahar vardır.

Halil Cibran

Buz gibiliğine inat güneşli bir bahar günüydü. Taksilerin değişim saati olduğu için önümde durmaya tenezzül etmeyen şoförlerin kaprisini çekmek yerine Zincirlikuyu'dan Teşvikiye'ye yürümeye karar verdim. Düşünmek için de iyi bir fırsattı. Yürümek düşünmekti. "Yürüyorum, öyleyse varım" *diye bir cümle var mı acaba? Kesin vardır. Tarih bu kadar doğru bir tespiti atlamış olamaz.*

İç sesimle konuşa konuşa kırk dakikada Zincirlikuyu'dan Teşvikiye'ye varmıştım. Yürüdükçe yüzlerdeki kırışıklıklar azalmış, bedenler incelmiş, kılık kıyafet sınıf atlamıştı. Soğuğa rağmen kafelerin önü tıklım tıklımdı. Anlaşılan güneş herkesi aldatmayı başarmıştı.

Can'la hep kahvaltı yaptığımız kafeye geldim. Burası sokağın içinde, çılgın kalabalıktan nispeten uzak bir yerdi. Dışarıdan kafe olduğu anlaşılmıyordu, apartmanı andıran bir girişi vardı. Üç basamak, düzlük, sonra beş basamak daha çıktıktan sonra karşında siyah, devasa, ağır bir kapı beliriyordu. Kapı, karanlığına tezat, ferah, geniş, yemyeşil bir bahçeye açılıyordu.

Her zamanki masamıza baktım. Prize ve tuvalete yakın bu masa benim gibi pratik ruhlar için biçilmiş kaftandı. Boş olduğunu gördüğümde tüm ihtiyaçlarımın karşılanacağı düşüncesiyle içim sevinçle dolardı. Bugün de öyle oldu, çünkü masamız boştu. Yürümekten yorgun düşen bedenimi gülümseyerek rahat koltuğa bıraktım.

Kahve siparişi için garsonu beklerken yan masadan bir erkek sesi yükseldi:

"Kızım bu nasıl dudak dolgusu ya? Dolgu değil, dolduruşa gelmek bu resmen."

Altmış yaşlarında, iriyarı, esmer adam kendi esprisine kahkahalarla güldü. Ağır makyajlı, frapan giyimli genç kız, telefonunun kamerasından dudaklarını incelerken adama bakmadan cevap verdi:

"Aman Cemooooşşş, uzatma."

"Şu hale bak. Yüzünde dudak var gibi değil, dudağında yüz var gibi. Berbat yapmış bu sefer karı. Ördek dudak falan değil, bildiğin ördek olmuşsun. Yola çıksan ördek yavruları seni anası sanıp peşine takılır."

Kız adamın bu sözlerini umursamış görünmüyordu:

"Amaaan, iner şişi iki güne, boş ver."

Kendini incelemeyi bırakıp sandalyesinin köşesine astığı, üzerinde her biri nal boyutunda Y, S ve L harfleri olan zincirli çantayı masanın ortasına koydu. Çantaya doğru eğilerek üç kez öpücük gönderdi. Bu bir çeşit ritüel olmalıydı. "Varlığım lüks varlığına armağan olsun ivsenloğan" *mı?*

"Yeni çantamı beğendin mi Cemoş?"

Kendisine çamaşır yumuşatıcısı gibi hitap edilmesinden rahatsız görünmeyen adam, küçük çantayı eline alıp üzerindeki harfleri yüksek sesle okudu:

"Yeee-Seee-Leee. *Yerim Senin Lüksünü."*

Bir kez daha kendi esprisine kahkahalarla güldükten sonra ciddileşip kıza çıkıştı:

"Sen daha geçen hafta kendine çanta almadın mı yavrum? Para yetiştiremiyoruz maşallah."

Yavrum mu? Adam kızdan yaşça epey büyüktü. "Yavrum" dediğine göre muhtemelen dedesi ya da babasıydı. Zaten kıza başta da "kızım" diye hitap etmişti. Etimoloji ilgi alanım olduğu için fırsattan istifade cep telefonumdan sözlük açtım. Yavru kelimesinin TDK sözlüğünde dört karşılığı vardı: 1. Yeni doğmuş hayvan ya da insan. 2. Çocuk, evlat. 3. Bir şeyin küçüğü. 4. Güzel, alımlı genç kız.

Adamınki "çocuk, evlat" anlamına gelen yavrum olmalıydı. Bu çağda bazı gençler babalarına kendi ismiyle hitap ediyordu. *Biz düz* "baba" *derdik. Düz lise gibi, sıkıcı.* Yine de kafamdaki çarkıfelek çarkının dili nedense "çocuk, evlat" ile "güzel, alımlı genç kız" arasında gidip geliyordu. Sevgili de olabilirlerdi, sonuçta yetişkin insanlardı ve tercihleri sadece kendilerini ilgilendirirdi. Bunları düşündüğüm için kendimi sakil hissettim. Ama merak etmiştim işte. Eğlence olsun diye zihnimde papatya falı bakmaya karar verdim: *Kızı, sevgilisi, kızı, sevgilisi, kızı, sevgilisi, kızı...* Kızı. Evet, kızı olmalı.

Kız masanın diğer tarafına uzanıp Cemoş'un dudağına bir öpücük kondurdu. Papatya falları da siyasetçiler gibiydi, asla güven olmuyordu.

"Cem, bana bir ara yeni bir telefon bakalım hayatım. Yeni çıkan telefonlar kendinden filtre özellikli. Fakirler gibi fotoğraflarıma kendim filtre yapmaktan sıkıldım."

Derin sosyolojik analizi hak eden bu cümlelerin benim için öne çıkan yönü, Cemoş isminin kısaltma değil uzatma olmasıydı. Cemalettin'in falan kısaltmasıdır diye düşünmüştüm. Değildi; "oş" müessesenin ikramıydı. O yaşta birinin isminin sonuna "–oş" eki takılması çok sık rastlanan bir durum değildi ya da belki ben hiç denk gelmemiştim. Gerçi Cemoş'un botokslu yüzü yaşı konusunda sağlıklı bir değerlendirme yapmayı engelliyordu. Ayrıca yüzündeki estetik müdahaleler bir bütünlükten yoksundu. Kızla dalga geçse de kendisi daha başarısız bir girişimin kurbanıydı.

Cemoş ya da kısa adıyla Cem, kızın en son yorumuna cevap vermedi. Yüzünde herhangi bir duygu ifadesi yoktu. Muhtemelen ağır botoks yüz ifadesini dondurduğu için ne hissettiği anlaşılmıyordu. Konuşmayı bırakıp cep telefonuna gömüldü:

"Neyse ya, çok sıkıldım. Ben gidişko. Bir süre görüşmeyelim," dedi kız omzunu silkerek.

Gidişko. Anonim şirket adı gibi: Gidiş Co. Kız hışımla masayı terk etti, muhtemelen adamı da terk etmişti. Makyajların ilişkilerden daha kalıcı olduğu zamanlardı ne de olsa. Cemoş bu esnada kafasını bile kaldırmadı. Kızın gidişini umursamış görünmüyordu. Belki de umursamıştı ama yüzünden bunu anlamak mümkün değildi. Hesabı isteyip yine telefonuna gömüldü.

Az sonra garson, içinde minicik bir cam vazoda mor bir çiçek buketi, paketli iki küçük okaliptüs şekeri ve yemek fişinin olduğu gümüş tabağı nazikçe adamın önüne bıraktı.

"Buyurun efendim, hesabınız."

Adam elini sol cebine daldırıp neredeyse göbeği kadar şişkin bir cüzdan çıkarıp bir tomar parayı masaya bıraktı. Bu esnada cebinden fırlayan kutu ayağımın dibine düştü. Bu bir Viagra kutusuydu. Bana doğru endişeli bir bakış fırlatarak aceleyle kutuyu yerden aldı.

İşte her şeyin baş faili, diye geçirdim içimden, *Viagra.* Viagra çağında Cemoş gibi adamlar yaşlılığın sakinliğini, olgunluğunu, erdemini asla tadamayacak kadar hapı yutmuş gibi hissediyordum. Ergenlik döneminden bir türlü çıkamamış olarak öbür tarafı boyluyorlardı. Viagra'nın başta tansiyon hapı olması amaçlanmıştı. Firmanın araştırma ekibi bu niyetle yola çıkmış, sonunda firmayı, yaşlı adamları, sevgililerini ve nadiren de karılarını mutlu eden bir yere varılmıştı. Viagra'yı bulan araştırmacılara da kansere çare bulmuşlar gibi şövalye nişanı verilmişti. Ne de olsa işin içinde bir nevi hayata döndürme durumu vardı.

Kadınların genç ve güzel kalma çabasıyla bıçak altına yatmaları, yüzlerine ve bedenlerine yaptırdıkları bilumum işlem de erkek cinsel sağlığı cephesindeki bu gelişmeyle ilgili olabilirdi. Ortada birbirini besleyen bir döngü var gibiydi. Erkekler bölgesel olarak dinç kaldıkça kadınlar bıçak altına yatıyor, kadınlar genç kaldıkça erkekler Viagra'dan medet umuyordu.

Ölümü ne pahasına olursa olsun reddeden çağ insanı, yaşlanmaktan ve bir şeyleri kaçırmaktan ölesiye korkuyor, sürekli yenilik ve heyecan peşinde koşuyordu. Herkesin uzun yaşamak istediği ama kimsenin yaşlanmak istemediği çelişkili zamanlardaydık. İnsan ömrü sanki *bebeklik, çocukluk* ve *ergenlik* olarak üç çağdan oluşuyordu. Yaşlılık yoktu. Birileri "daha az genç"ti, birileri "yaş almış"tı, birileri "yaşını hiç göstermiyor"du, ama kimse "yaşlı" değildi. Yaşlılık "estağfurullah"tı, "yok canım"dı, "daha dur"du. Oysa yaşlılığın ve ölümün kaçınılmazlığına hazırlanmak daha akıllıca bir seçim olabilirdi. İnsan tüm çabalarına rağmen hâlâ ölümlüydü, doğaya bu kadar kibirle meydan okumak nafile bir girişimdi.

Belki de ben çok eski kafalıyım. Keşke Can da şimdi burada olsaydı. Üzerinde konuşacak epey malzeme vardı. Yanımda olsaydı her zamanki olgun, derinlikli, mantıklı yorumlarıyla konuya farklı pencerelerden bakmamı sağlardı. Bir kez daha onun gibi bir adamı bulduğuma şükrettim. *Canım sevgilim.*

İlişkilerle ilgili genellemelerimin ardında küçükken oturduğumuz mahalledeki komşularımız Muhittin Amca ve Neval Teyze'nin trajikomik hikâyesi de etkiliydi. "Hayat sen planlar yaparken başına gelendir" diye bir söz vardır. Onların hikâyesinin sloganı "Viagra, sen yaşlılık için planlar yaparken başına gelendir" olabilirdi.

Neval Teyze'nin eşi Muhittin Amca, tıp alanında devrim sayılan bu gelişmeden birkaç yıl sonra onu terk etmişti. Kadıncağız "Artık emeklilik yaşımız geldi, Muhittin'le dünyayı gezeriz" diye düşünürken kendini birden ergenvari haller takınmaya başlayan bir kocayla bulmuştu. Teknolojiyle arası pek iyi olmayan, bilgisayar açmaktan aciz, değişime dirençli Muhittin Amca, ne hikmetse cinsel sağlık alanındaki bu teknolojik gelişmeye hızla entegre olmuştu. Yıllar sonra spor yapmaya, tek kulağına küpe takmaya, üzerinde İngilizce "Just do it!" yazan dar tişörtler giymeye başlamıştı. Atletik olma girişimleri henüz meyvesini vermediğinden, oturduğunda göbeği yazının bir kısmını saklıyor, sadece "it!" kısmı okunuyordu. "Just do"nun rahatça okunabilmesine en az bir yirmi kilosu daha vardı. O zamana kadar üzerinde kocaman harflerle "it" yazarak dolaşmaya mahkûmdu.

Neval Teyze çevrimiçi tatil sitelerinde gemiyle İskandinav turu fiyatlarını araştırırken, Muhittin Amca her geçen gün ondan biraz daha uzaklaşmıştı. Sonunda da saçlarını İskandinavlar gibi sapsarı boyatan, Neval Teyze'den otuz yaş daha genç, maddi durumu sallantıda bir kadınla başka bir şehre taşınmıştı.

Neval Teyze bu şokun ardından hayata küserek kabuğuna çekildi. Onca yıllık evliliğin ardından başına gelen bu talihsizliği hazmedemiyordu. "Giydiği o tişörtlerden belliydi, itoğlu it!" diye ağlayıp duruyordu. Talihsizlik Muhittin'in gitmesi değil, gitme şekliydi. Adamın azgın yaşlılar kervanına katılıp genç bir kadınla firar etmesi uzunca bir süre mahallede dedikodu malzemesi olmuştu. Neval Teyze'nin yıllarca çini vazo gibi koruduğu mükemmel ve saygın aile imajı, kocasının evliliğin doksanıncı dakikasındaki golüyle tuzla buz olmuştu.

Birkaç yıl sonra Muhittin Amca'nın şeker hastalığına yakalandığı haberi geldi. Bir süre sonra tek bacağı kesilmişti, diğer bacağın durumu da şaibeliydi. Bunun üzerine sevgilisi onu terk etmiş, o da genellikle bu tür senaryolarda rastlandığı üzere karısına geri dönmek istemişti. Tek başına ayağa kalkıp tuvalete bile gidemiyordu. Ne de olsa Viagra'nın kaldırma gücü bir yere kadardı.

Haberi aldığımda Muhittin Amca için çok üzülmüştüm. Ne olursa olsun bu duruma düşmesi içimi acıtmıştı. Neval Teyze ise geri dönmesini zinhar kabul etmeyeceğini beyan etmişti, ancak hasta yatağında pijamalarıyla sefil halde yatarken başında duran sonunda yine o olmuştu. Bunun sevgiyle ya da bağışlamayla en ufak ilgisi yoktu. Muhittin'den iliklerine kadar nefret ediyordu. Kör olasıca kocası, uzun süre önce kaybettiği bir uzvunu geri kazanır kazanmaz cahil bir kadının peşine takılarak elâleme rezil olmuş, onu da rezil etmişti. Şimdi başka bir uzvunu kaybettiği için kös kös kürkçü dükkânına geri dönmüştü. Neval Teyze'yle olan ilişkisi tamamen uzuvlarının işlevselliğine dayalı olarak yürüyordu.

Yine de Neval Teyze adı gibi biliyordu; ona bakmayı reddetse etraf adamı değil onu suçlardı. Özellikle de kadınlar "Ne vicdansız kadınmış, onca yıllık kocasına bakmadı" diye onu topa tutarlardı. "Adamın bu hayırsızı niye bıraktığı belli oldu" diyerek Muhittin'i melek, kendisini şeytan ilan ederlerdi. Elâlemin ne kadar güçlü ve karanlık bir örgüt olduğu aşikârdı. Bu elim dedikoduları duyacağına "o şerefsiz"e bakmayı tercih ederdi.

Öyle de yaptı. Muhittin Amca ölene kadar tam on yıl boyunca ona bebekler gibi baktı. Herkes ona "Ne merhametli kadınmışsın Neval, senin bu yaptığını kimse yapmazdı vallahi" diye övgüler yağdırdıkça, içindeki derin yaraya bir nebze merhem sürüldüğünü hissediyordu. Onu elâleme rezil eden Muhittin, giderayak kanatsız melek statüsüne yükselmesini sağlamıştı.

Muhittin Amca'nın cenazesinde imam "Nasıl bilirdiniz?" diye sorduğunda, kadınlar arasında mırıltılar ve manalı bakışmalar olmuş, erkeklerdense koro halinde, gür bir "İyi biliriz!" nidası yükselmişti. O zamanki çocuk halimle adamların bu davranışını ilerisi için koruyucu önlem olarak algılamıştım. Bir gün kendileri de aynı pis işlere bulaşırlarsa, öbür tarafa günahları sildirerek uğurlanmanın yolunu yapıyor gibiydiler.

Yaşlı insanların gönüllerince eğlendiğini görmek umut vericidir. Özellikle dans ederek neşelenen ihtiyarlar yüzlerde gülümsemeye yol açar. Viagra kullanan yaşlı adamlar ise halk arasında aynı tepkiyi yaratmıyordu, bunu Muhittin Amca'dan sonra net olarak anlamıştım. Muhittin Amca dansı dikey eksenle sınırlı tutamamıştı. Yatay geçiş onu bitirmişti. Hikâyesi yıllarca elâlem terör örgütü ve bazı yakın arkadaşları arasında alay konusu olmaya devam etti.

Çocukken şahit olduğum bu trajikomik hikâye, benim için ufuk açıcı olmuştu. Evlilik denen kurum insanların omuzlarına belli ki çok ağır yükler yüklüyordu. İstemedikleri hayatları yaşamaya mecbur bırakıyordu. Karar vermiştim, evlenmeyecektim. Kendi ayaklarım üzerinde durmak için çalışacak, kendi kendime yetecektim. Evlilik kurumu Muhittin Amca gibiydi, ölmüştü ama ağlayanı yoktu.

Hele ki bu diyarda evlilik, iki eksik varlığın birbirine eklemlenmesinden oluşan bir ucubeydi. Erkeklerin ayakları, kadınların kanatları yol yakınken kırılıyordu. Büyürken evin içinde kendisine hiçbir sorumluluk verilmeyen adam, kendi ayakları üzerinde duramayacak kadar aciz oluyordu. Bu nedenle bir an önce ya evleniyor ya da kendisi beceremediğinden *evlendiriliyor*du. Oldu da karısı ölürse hemen yerine yenisini "alıyordu," çünkü kadın mal gibi alınıp satılan bir varlık olarak görülüyordu.

Kadının durumu erkekten de beterdi. Okumasına ve eğitimine engel olunan ya da destek verilmeyen kadın kanatlanıp uçamayacak kadar güçsüz kalıyordu. Bu nedenle bir an önce ya evleniyor ya da evlendiriliyor, bir adama maddi olarak bağımlı ve muhtaç bırakılıyor, onun her türlü pis işini yapıyor, kendisi istesin ya da istemesin çocuk doğuruyor, anne olunca statüsü yükseltiliyor, çocuğun bakımı da onun üzerine yıkılıyor, varlığı sahte bir kutsallık kılıfı içine tıkıştırılarak tüm şikâyet etme hakkı kurnazca elinden alınıyordu.

Ayaksız Adam ile Kanatsız Kadın'ın oluşturduğu ucube bir Voltran'dı bu. Karşılıklı bir organ bağışıydı. *Sen bana ayak ol, ben sana kanat.* Fakat bu organ bağışında kimse hayata dönemiyordu. Kimse kendi başına var olamıyordu. Mecburiyetler üzerinden kurulmuş mutsuz yaşantılara yelken açılıyordu sadece.

Kendi başına var olamayan biri başkasını gerçekten sevebilir miydi? Kendi başına var olamayan birinin sevgisinin samimiyetine inanmak mümkün müydü? Şahit olduğum olumsuz örnekler sonucunda küçük sayılacak bir yaştan itibaren bu soruları sormaya başlamıştım. Karar vermiştim, ben bu tuzaklara düşmeyecektim.

O zamanlar böyle düşünüyordum. Henüz Can'la tanışmamıştım. Hayatın sen planlar yaparken başına gelen şey olduğunu henüz öğrenmemiştim. Hayatta kendi başına gelmeden aklından geçen her ne varsa, sınanmadığı sürece *teorideki sen*'den ibaret olduğunu henüz bilmiyordum.

Hayat üniversitesi, bana Neval Teyze'ninkinden daha ağır bir müfredatla ders verecekti.

Ama önce çocuktum. Çocukluğu es geçen hiçbir hikâye tam olarak anlaşılamaz.

HAYATIN 1. BÖLÜMÜ

Kadınlar neden duygu bekçisi, bebek bakıcısı, erkeğin ruhunun, bedeninin ve gururunun besleyicisi konumuna indirgenmeli ki?

Sylvia Plath, *Günlükler*

Mutluluğu aramanın mantıklı olduğu tek yer, ana rahmidir. Duyulamadığın, görülemediğin, ekmek elden su gölden beslendiğin, her türlü dış tehlikeden korunduğun, dolayısıyla rahat, güvende ve mutlu olduğun tek yer orasıdır. Sonra dünyaya gelirsin. Dünyaya ayak bastığın anda mutluluk dönemi de sona erer. Ancak kimse bu önemli bilginin farkında değildir. Bu nedenle insan denen varlığın ağzında bir mutluluk lakırdısı dolaşır durur. Etraftan sürekli bir mutluluk lafı duyduğun için bunun gerçekliğine inanarak sen de saf saf mutluluk peşinde koşmaya başlarsın. Olmayan bir şeyin peşinden koşmak yorucu ve sinir bozucu olduğundan çoğu zaman kendini mutsuz hissedersin.

Bunu şöyle de özetleyebiliriz:

1. Gerçek anlamda mutluluk, sadece ana rahminde mümkündür.
2. Mutluluk arayışı, mutsuzluğun anahtarıdır.

Ana rahmi kadar konforlu olmasa da hayattaki ilk yılın da fena sayılmaz. Bağımlı ve güçsüz olman etraftaki herkesin hoşuna gider. Aciz varlığın bir sevgi seli doğurur. Azıcık büyüyüp bağımsızlığını ilan etmeye başladığın andan itibaren işin rengi değişir. Kaşlar çatılmaya, sesler yükselmeye, hakkındaki şikâyetler artmaya başlar. Nitekim sürüden bağımsızlığını ilan edeni kimse sevmez; bu bağımsızlık savaşını başlatan iki yaşında bir bebek bile olsa. Belki de bağımsızlaşmaya çalışmak, diğerlerine kendi bağımlılıklarını hatırlatır.

Zamanla duyulamamaktan duyulmamaya, görülememekten görülmemeye geçiş yaparsın. Buna "çocukluk dönemi" denir. Çocukluğu mutlulukla eşleştirmek de bir yanılgıdır. Çocukluk aslen trajikomik bir dönemdir. Biraz düşününce komiktir, biraz daha düşününce trajikleşir. Hatta çocukluk dönemi çoğunluk için bir nevi faili meçhul cinayettir. Büyüdükçe failleri yavaş yavaş tespit etmeye başlarsın. Onları bazen affeder, bazen affetmez, bazen de affedemezsin. Bazen de sana yapılanları, bilerek ya da bilmeyerek, varsa kendi çocukların, yoksa eş dost üzerinden tekrar edersin. Her cinayet teşebbüsü ölümle sonuçlanmaz elbette. Bazen cinayet planını erkenden fark edip olay mahallinden paçayı kurtarmanın yollarını ararsın. Kendi hikâyende kurban değil kahraman olmayı seçersin. Sonunda, nereden baktığına bağlı olarak, her şey için veya her şeye rağmen faillere teşekkür edersin.

Benim için çocukluk denen faili meçhul cinayetin baş şüphelisi anneannemdi. Neyse ki teşebbüsleri ters tepmişti. Anneannem beni mütemadiyen sıkıştırmasaydı, içinde yaşadığım kabuk belki bana dar gelmeyecekti. Hatta kim bilir, belki bir kabuğun içinde yaşadığımı bile fark etmeyecektim.

***

Bir devlet dairesinde üst düzey yönetici olan babam çocukken ara sıra yurtdışı seyahatlerine gider, dönüşte bana uzun sarı saçlı, mavi boncuk gözlü, tombul yanaklı, şık giyimli oyuncak bebekler getirirdi. O zaman 90-60-90 Barbie'ler henüz piyasada yoktu, bebekler etine dolgundu. Ensesine vur lokmasını al sessizliğindeki bu hanım kızlar benim pek ilgimi çekmezdi. Eve gelen misafirlerin çocukları gözümün önünde makasla bebeklerin saçlarını kesip gözlerini oyarken, bebeklerin akıbetinden çok çocukların o haline üzülürdüm. Daha bu yaşta böyle karanlık işlere giriştiklerine göre hayat onlar için cehennem olmalıydı.

Benim için en büyük eğlence sokakta özgürce oynamak ve kitap okumaktı. Anneannem farkında olmadan bana büyük bir iyilik yapıp 5 yaşımdayken okumayı öğretmişti. Okuma zevkinin tadına erken varmış, hayattaki avantajlarını da erkenden yaşamaya başlamıştım. Kitaplar süslü bebekler gibi değildi, içleri doluydu. İçeride bambaşka dünyalar saklıydı. Cesur karakterler, uzak ülkeler, bilmediğim kelimeler, geleceğe dair hayaller vardı.

Oysa bebekler sadece bebekti. Bir köşede süslü püslü oturan, sıkıcı nesnelerdi. Yüzlerinde sürekli aynı ifadeyle öylece duruyorlardı. Gerçek insanlar sürekli gülümsemezdi. Bunlar saçları kırpılırken, kolları kırılırken, gözleri oyulurken de aynı ifadeyle sessizce gülümsemeye devam ediyordu. Biraz büyüdükten sonra bazı kadınların bunu gerçek hayatta da yaşadığını öğrendim ve ses çıkarmadan sürekli gülümseyen oyuncak bebeklerin bu trajedide suçortağı olduğuna karar verdim. Onlar küçük kızlara başlarına ne felaket gelirse gelsin susmayı ve gülümsemeyi öğretiyordu. İşte bu yüzden bebekleri hiç sevemedim.

Anneannem ilkokulu zar zor bitirmiş, sonra da okula gitmemişti. Hep küçük evlerde oturduğumuzdan onunla aynı odayı paylaşıyorduk. Okula devam etmesine edememişti ama her gece yatağında klasikleri okurdu. Tolstoy, Puşkin, Dostoyevski gibi yazarların kalın kalın romanlarını ilk kez onun elinde görmüştüm. Ben de onun yanında kendi kitabımı okuyor, okuduklarımı bazen onunla da paylaşıyordum.

Küçük odamızdaki iki kişilik entelektüel yaşantımız, çocukluğumun en mutlu anları arasındaydı.

Gel gör ki bana okumayı öğreten anneannem, ben büyüdükçe yavaş yavaş pişmanlık belirtileri sergilemeye başlamıştı. Haddi aşan bir biçimde okumaya başlayacağımı hesap edememişti. "Okuyup âlim mi olacaksın?", "Okuya okuya evde kalacaksın bu gidişle" cümlelerinin sıklığı zaman içinde artmıştı. Bana "Okuyup âlim mi olacaksın?" diye dünyayı dar eden kadının her gece önümde kitap okuyup durması ironikti. Bir çocuğun kulaklarıyla değil gözleriyle öğrendiğinden bihaberdi. İçten içe ona kırılsam da kendimi üzülmediğime ikna etmek için her seferinde işi espriye vuruyordum:

"Okumayıp zalim olmaktansa, okuyup âlim olacağım. Kafiye olsun diye söyledim ama fena olmadı bence Anneanne Karenina."

Fazla okumak ile medeni durum arasında bir korelasyon olduğunu anneannem sayesinde erkenden öğrenmiştim. İlkokul dördüncü sınıfa geldiğimde manzara kafamda netleşmişti: "*Çok okuyanın beyni çok gelişir. Çok okuyanın evlenme ihtimali daha düşüktür. Demek ki az gelişmiş beyin ile evlilik arasında bir ilişki vardır.*" Aristovari çıkarımımı bir kâğıda formül olarak yazıp çalışma masamda kimsenin kolayca göremeyeceği bir yere yapıştırmıştım:

Çok okuyan = Zeki
Çok okuyan = Bekâr
ZEKİ = BEKÂR

Yatak düzgün toplanmamış, çamaşırlar ütülenmemiş, çorbanın tuzu eksik olmuş... Anneanneme göre bunlar bir adamın karısını boşama sebepleriydi. "Bu işleri niye ben yapayım ki?" diye düşünüyor, düşündükçe içim öfke ve isyanla doluyordu. "Kölelik kalkalı epey oldu. Bir zahmet kaldır o kıymetli kıçını, kendi yatağını kendin topla, kendi çamaşırını kendin yıka kardeşim. Ben anamdan sana hizmet etmek için doğmadım!" Hayali kocama hayalimde püskürünce ferahlıyordum. Küçük yaşta ev işlerinden de, evlilik müessesesinden de soğumuştum. Bunları anneannemle paylaşmıyordum, paylaşsaydım baskının dozunu arttırabilirdi. Evlilik konusunu her dile getirdiğinde, aramızda beni eğlendiren bir atışma başlıyordu:

"Bu odanın hali ne kız? Her yer her yerde. Şu yatağa bak, öyle yatak mı toplanır, çekil kenara, ben toplayayım bari. Bu pasaklılıkla kocan seni boşayacak, anneannem dediydi dersin."

"Hani evde kalacaktım anneanne, bir kocam yoksa beni kim boşayacak?"

"Oh oh oh, maşallah, bir de pabuç gibi dil. Bu asilikle evde kalacaksın, nah şuraya yazıyorum."

"Hayır, anneanne. Evde kalmayacağım. Dünyayı gezeceğim. Her seferinde ayrı bir ülkede, ayrı bir otelde kalacağım. Ayrıca hem kocan boşayacak, hem evde kalacaksın deyince *conflict* oluyor."

İnsan dediğin dış dünyaya açılmalıydı, yeni yerler görmeliydi, yeni tatlar denemeliydi, yeni kokular almalıydı, farklı renkler keşfetmeliydi. Yaşamalıydı. Sırf bu yüzden kendi kendime İngilizce öğrenmeye başlamıştım, işimi şansa bırakamazdım. Oysa anneannem ve şürekâsının savunduğu, bir evden çıkıp hooop başka bir eve girmekti. Evlenince yine evde kalıyordun. Bu yaman bir çelişkiydi.

"Korn fleykmiş, görürsün korn fleyki, o zaman gülerim gevrek gevrek."

"Korn fleyk değil, *conflict*. Çatışma demek. Yalnız kornfleyk-gevrek bağlantısı çok iyiydi anneanne, tebrik ederim."

"Hadi oradan! Kurt kocayınca köpeklere gülünç olurmuş. Boklu bezlerini ben yıkadım yıllarca, hey gidim hey!"

Anneannemin hazır bez öncesi dönemde torun sahibi olmasının bedelini gençliğim boyunca bu iğrenç bez imgesiyle yüzleşerek ödedim. Yine de söz düellolarımızı seviyordum.

Etraftaki herkesin kafaya bu kadar taktığı evlilik meselesini biraz daha kurcalamaya karar verdim. Adil bir son hüküm bunu gerektirirdi. Bunun için en iyi kaynak kitaplardı. Yazarlara minnettardım. İnsanın çevresindeki beş kişinin ortalaması olduğunu okumuştum bir yerde. Çevremdeki beş kişiden evlilik konusunda çok umutlu olmadığım için aklı başında yazarları arayıp buluyor, onlarla zihinsel bir ahbaplık kurarak yalnızlığımdan sıyrılmaya çabalıyordum.

"Bir kitapta ilginç bir bilgiye rastladım anneanne. İngilizcede 'evde kalmış' kadınlara *spinster* deniyormuş."

"Sipinser."

"*Spinstır* diye okunuyor. İngilizce 'ip eğiren kişi' anlamına geliyor. Eskiden ip eğirenler genellikle kadınmış. İp eğirerek maddi açıdan kendilerine yetiyorlarmış. Bir kadının ekonomik bağımsızlığa ulaşmasının az sayıdaki yolundan biriymiş bu iş. Evlilik çağına gelen kadınların ilişkiye maddi bağımlılıktan değil de kişisel seçimleriyle geldiğini ifade ediyormuş *spinster* kelimesi de."

"Ee? Ne anlattın şimdi, ne anladım bundan?"

"Yani şöyle özetleyeyim: Ortaçağda 'evde kalmış□' sözü bir iltifatmış anneanne. "

Anneannem ve etrafta gördüğüm çoğu insan görünüşe bakılırsa ortaçağdakilerden daha geri kafalıydı. Hepsi "evde kalma"yı bir küçümseme ifadesi olarak kullanıyordu. Kadın ya da erkek için evlenmemek bir seçim olsa bile mutlaka bir "arızası" olduğunu düşünüyorlardı. Ayrıca çocuk olduğum için bir şeyden anlamadığımı da düşünüyorlardı. Çocuk aklını küçümsemek ikinci büyük yanılgılarıydı. Üstelik evlenme baskısı sadece bize özgü değildi. Başka kültürlerde de belli bir yaşa gelmiş olan kadına evlilik baskısı yapılıyordu. Bunları okudukça dünyanın ortaçağa göre daha da geride olmasına hayret ediyordum.

"Anneanne bak ne okudum, tam senlik. Çin'de yirmi yedi yaşını geçen kadınlara 'artık kadın' anlamında *sheng nu* deniyormuş."

"Şengül mü? Bizim Muazzez'in kızı Şengül de evde kaldı kalacak. Armudun sapı, üzümün çöpü, olacağı o."

Anneannem söylediğim her yabancı kelimeyi sektirmeden yanlış anlıyordu. Yanlış anlama konusundaki başarı oranı yüzde yüz olduğundan, bu durumu bana bir nevi özel yetenek gibi geliyordu. Anlamadığı ne varsa Türkçe bir karşılık uyduruyor, sonunda konuyu ustalıkla evde kalmaya bağlıyordu. Her yabancı kelimede heyecanla ne diyeceğini bekliyor, hiçbir seferinde elim boş dönmüyordum.

"Şengül değil, *sheng nu*. Neyse, boş ver anneanne. Kadın ne kadar eğitimli ya da başarılı olursa olsun evlenmezse bir hiç olarak görülüyormuş."

"Hah, böyle meymenetli şeyler oku işte azıcık."

"Dur bak ne diyor. Çin'de otuz altı yaşında profesör bir kadın varmış. İyi eğitimli olduğu için tam on beş erkek onu reddetmiş. Babası ne yapmış biliyor musun? Kadının kız kardeşini okula gitmekten menetmiş. Hey Allahım ya, salaklığa bak!"

"Bakıyorum, senin salaklığına bakıyorum. Bir kızı evde kalmış, bari kardeşi evde kalmasın diye çırpınıyor adamcağız. Okuya okuya senin sonun da aynı olacak."

"Ben sapyoseksüelim anneanne, onlar beni beğenmese ne yazar, o kafadaki adamları ben hiç beğenmem zaten."

Anneannemin beti benzi atmıştı. Ellerini dizlerine vurarak söylenmeye başladı:

"Tövbe deeee, lakırdılara bak sen, Allahım sen affet ya Rabbim. Elim kırılaydı da eline kitap vermeyeydim, vah anam vaaah, ne günlere kaldık."

"Öyle deme, okuyan bir torunun olmasa Çinli bir adamla aynı sığ beyin yapısına sahip olduğunu asla öğrenemeyecektin."

"Terbiyesiz! İki satır kitap okudun diye kepazelik peşindesin. Bacak kadar boyunla haddini bil."

"Şaka yaptık ya, tamam, kızma Anneanne Karenina."

Saygının tek yönlü olduğunu, istikametin de benden yukarı yaştakilere doğru ilerlediğini yol yakınken belletmişlerdi. Daha doğrusu, saygı bu olmasa da etrafımdaki yetişkin kişilerin saygıdan anladığı böyle bir şeydi. Saygı, nitelikten yoksundu; tamamen nicelik üzerine inşa edilmiş bir kavramdı. Daha büyük, daha yaşlı, daha uzun, daha zengin olan her şey ve herkes daha çok saygıyı hak ediyordu. Dolayısıyla bir çocuk büyüklerinden saygı beklememeli, onlara koşulsuz saygı göstermeliydi. Öfkesini bağırarak, üzüntüsünü ağlayarak, kırgınlığını yakınarak ifade etmesi şımarıklıktı. Çocuk, duygularını içine attığı kadar iyiydi. Çocuk, kendi olmadığı kadar makbuldü. Çocuk, birey olmadığı kadar sevilmeye layıktı.

Zaten birbirlerine de saygı duydukları yoktu ki! Herkes herkesin hayatıyla ilgili yorum yapma hakkını kendinde görüyordu. Birisi genel kabule ters düşen bir seçim yapacak olsa topa tutulur, mahalle dedikoduyla çalkalanırdı. Birey olmaya, kendi seçimlerini yapmaya iyi gözle bakılmıyordu. Böyle bir ortamda çocuğa da saygı gösterilmemesi gayet anlaşılabilirdi.

Çocuk yaşımda bunları anlayabildiğim için kendimle için içe gurur duyuyordum. Okuduğum için sorgulayabiliyor, sorguladığım için zihnen gelişiyor, zihnen geliştikçe etrafımdaki küçük dünyanın ötesine geçtiğimi hissediyordum. Bir taraftan aradaki uçurumun büyümesiyle yalnızlaşırken, bir taraftan da araya koyduğum mesafenin beni duygusal olarak koruduğunu hissediyordum.

***

Annemle babam kendi hallerinde, yaygın ifadesiyle "efendi" insanlardı. Annem tipik bir ev hanımı, babam dürüst bir devlet memuruydu. Derslerime çalıştığım için bana başka konularda karışmıyorlardı. Onlar için en önemli mesele buydu. Evli olmaktan da gayet memnun görünüyorlardı. Üçümüz eski Amerikan kartpostallarındaki aile tablosu gibiydik. Koltuğunda gazete okuyan baba, yüzünde memnun bir ifadeyle hırka ören anne, yerde kitap okuyan sevimli çocuk. Babam "evi toplamadın, yemek yapmadın" gibi saçmalıklar yüzünden annemden ayrılmayı düşünecek sığlıkta biri değildi. Anneme değer veren, nazik, iyi bir adamdı. Bununla birlikte annem zaten bütün ev işlerini mükemmel yapan bir kadındı. Yapmasaydı durum nasıl olurdu, bunu kimsenin bilmesine fırsat yoktu. Anneannem ise bu mutlu aile tablosunun hijyenikliğini bozan, nevi şahsına münhasır bir insandı. Biz bir sevgi yumağıysak, anneannem huysuz halleriyle yumağa sürekli pati atan ev kedisiydi.

Bana "evde kalmayı" dünyanın sonu gibi göstermeye çalışsa da kendisi de çok mutsuz bir evlilik yapmıştı. Evlendiğinde otuz iki yaşındaydı. O döneme göre evlilik için epey geç bir yaş sayılırdı. Herkese göre "evde kalmanın," bana göre özgürlüğün eşiğinden dönmüştü.

Gerçi ilkokuldan sonra okula devam etmediği için muhtemelen evlenmekten başka çaresi yoktu. Evlilik birçok kadın için olduğu gibi onun için de seçilen değil mahkûm olunan bir geçim kaynağıydı. Bana "evde kalacaksın" diye çıkıştığı zamanlarda onu bu gerçekle yüzleştirmek istiyor, merhamet duygum ağır basınca vazgeçiyordum. O geçmişini istese de değiştiremezdi, bense geleceğimi istediğim gibi tasarlayabilirdim.

Hiç tanımadığım dedem, yakışıklı ve çapkın bir doktordu. Evlendikten kısa bir süre sonra anneannemin yüzüne bakmamaya başlamıştı. Aklı, ruhu, gözü sürekli dışarıdaydı. Çocukluğunda her parmak şıklattığında istediği yerine getirilen hedonist anneannem, evlilikle birlikte sönük, tatsız, mutsuz bir hayata geçiş yapmıştı. Dedem, evlendikten birkaç yıl sonra ani bir beyin kanamasından ölmüştü.

Hiç tanımadığım bu adama hep anneannemin penceresinden bakmıştım. O pencereden bakınca manzara kirli görünüyordu. Anneannemin penceresindeki kırıklar, çizikler, kir ve toz, gözümün önüne çarpık, sevilmeyi hak etmeyen bir insan imgesi getiriyordu. Öte yandan bunun taraflı bir tablo olabileceğinin farkındaydım çünkü anneannem de kolay bir insan sayılmazdı. Yegâne torunu olarak beni sevgiye boğduğu söylenemezdi. Onun içinden sevgiye dair bir söz çıkarmak, sinekten yağ çıkarmak gibiydi.

Hayatı boyunca bana söylediği en sevgi dolu cümle "Sarışın olmasaydın seni sevmezdim" olmuştu. İlk şoku atlattıktan sonra cümleyi analiz ettiğimde beni sevdiği sonucu çıkıyordu. Yine de içimde filizlenen duygu sevinç değil burukluk olmuştu. Torununa "Sarışın olmasaydın seni sevmezdim" demek, bir insana "Ne kadar sağlıklı görünüyorsun" yerine "Hasta görünmüyorsun" demek gibiydi. Haline şükrettirse de gülümsetmeyen, sinsi bir cümleydi. Olduğum gibi sevilmek değildi bu. Bu tam olarak "ucuz kurtulmak"tı. Saç renginden "yırtmak"tı. Oysa ben ırkçı anneannemi tüm esmerliğiyle sevmiştim.

Biraz daha büyüyüp durum değerlendirmesi yaptığımda, anneannemin sevgi haznesinin genetik olarak sınırlı olabileceğine karar verdim. Bir keresinde annemle babam onu bilmediğim bir nedenden dolayı psikoloğa götürmüş, eve geldiğinde söyledikleri teorimi doğrular nitelikte olduğu için kendimle gurur duymuştum.

"Ne oldu anneanne, ne dedi terapist? Senden ümit var mıymış?"

"Amaaan, saçma sapan lakırdılar. Sevgi, sevgi, başka bir şey dediği yok. Ben ne yapayım sevgiyi? Sevgiymiş. Hiç. Para tuzağı."

Gerçekten de sevgiden dem vuran bir terapist anneannemin yarasına merhem olacak bir seçim değildi. Bunu çocuk halimle ben bile görebiliyordum. Nasıl bir müdahale işe yarardı bilmiyordum ama "sevgi her şeydir" tarzı bir konuşma onun için anlamsızdı. Sevgiyi bilmeyen bir insana sevgiden söz etmek, doğuştan gözleri görmeyen birine "görmek her şeydir" demek gibiydi.

Kendi hayalini gerçekleştiremeyen insanlara özgü bir mutsuzluk vardır. O mutsuzluk genellikle başkalarının mutluluğuna ya da mutlu olma ihtimaline katlanamamak şeklinde kendini gösterir. Haset de denilebilir buna. Haset, hayallerinin peşinden gitmeyen ya da gidemeyenlerin, hayallerinin peşinden gidenlerin önüne set çekerek onlarla eşitlenme çabasıdır. Anneannemin gerçekleşmemiş hayallerinin intikamını benden alacak biri olduğunu düşünmüyordum, kötü niyetli bir insan değildi. Derininde bir yerde, muhtemelen, bilmediğim başka bir yara vardı.

Ters psikoloji uygulayarak alttan alta beni evlilik denen tuzaktan soğutmaya çalışıyor da olabilirdi. "Evde kalacaksın" bedduadan çok beni koruma isteğiydi belki de. Kendi yaşadığı mutsuzluğu benim de yaşamamı istemiyor olabilir miydi?

Belki de bunların hiçbiri doğru açıklama değildi. Belki görünenin ötesinde anlamlar aramak, etrafımdaki dünyaya hâkim dar bakış açısına karşı geliştirdiğim bir hayatta kalma mekanizmasıydı.

Üstelik o zaman farkında değildim: Anneannem benim için bir şanstı. Boyumdan büyük hayallerimin baş katalizörüydü. İçimde bir nebze isyan ve yaratıcılık varsa, onun sakin ve sıradan hayatımızda yarattığı dengesizlik sayesindeydi.

Anneannem lanetim değil, lütfumdu.

Evim "Beni terk etme, burada geçmişin yaşıyor," der.
Yol ise "Gel ve beni takip et, ben senin geleceğinim!"
Ve ben hem evime hem yola derim ki, "Ne geçmişim ne de geleceğim var benim. Kalırsam, kalışımda bir gidiş, gidersem, gidişimde bir kalış olacaktır. Sadece sevgi ve ölüm her şeyi değiştirir."

Halil Cibran, *Kum ve Köpük*

Biraz daha büyüyüp ergenlik çağına geldiğimde ailemin beni kültüre asimile etme girişimleri başladı. Başlıca asimilasyon yöntemi olarak altın günleri seçildi. Kısır-börek-kek üçgeninde boş sohbetin dibine vurulan bu günler, öfkeli ergenlik yıllarımın en can sıkıcı deneyimlerindendi.

Gün ortamında bir Allahın kulunun okuduğu bir kitaptan söz ettiğini duysam, bir insan evladı toplumsal cinsiyet eşitsizliğine atıfta bulunsa, bir kişi sosyal bir soruna dair endişesini dile getirse, bir ergen olarak günlerin altınlığına olan inancım bir nebze artabilirdi. Oysa bu konuların esamesi okunmuyordu. Varsa yoksa televizyondaki diziler konuşuluyor, yemek tarifleri paylaşılıyor, magazin dedikoduları yapılıyordu. Güne gelen kadınların, çocuklarının hayatlarına dizi karakterlerininki kadar hâkim olmadıklarına yemin edebilirdim. Çocuklarının gizli gizli ne haltlar yediğini biliyordum. Hemen hepsinin iki hayatı vardı: Bir yaşadıkları hayat, bir de ailelerinin yaşadıklarını sandığı hayat. Çocuklarının ballandırarak anlattıkları dizilere taş çıkartacak, sansasyonel maceraları olduğunu bilseler, tahminen, bu kadar eğlenemezlerdi.

Birkaç ayda bir altın günü sırası bize geliyordu. Bizde toplanılan günlerden birinde, iki ünlünün boşanmasıyla ilgili dedikoduya dalmış kadınların arasında kös kös otururken, gerçekten merak ettiğim, bana göre son derece mantıklı bir soru aklıma geldi:

"Size bir soru sorabilir miyim?"

"Sor bakalım uslu kız. Maşallah, ne terbiyeli genç kız oldu. Benimki olsa beş dakika oturamaz şurada. Sor yavrum."

"Oğlanların pipilerinin kesilmesini niye kutluyorsunuz?"

Sorum sebepsiz değildi. Daha birkaç hafta önce bir akrabanın oğlunun sünneti için başka bir şehre gitmiştik. Sırf pipisi kısalıyor diye çocuğa taç takmışlar, simli pelerin giydirmişler, eline boyundan büyük bir asa vermişler, halkını selamlayan kral edasıyla at sırtında şehir turu attırmışlardı. Biz de atlı prensin arkasındaki "sıradan halk" olarak birkaç faytondan oluşan bir konvoy halinde onu takip etmiştik.

Benim olduğum faytonda çocuğun ablası da vardı. Kız o gün regl olmuştu ve regl kanı beyaz pantolonun arkasında kıpkırmızı, kocaman, yuvarlak bir leke yapmıştı. Son derece doğal olan bu durumu ona sakince söylediğimde kızcağız paniğe kapılmış, yüzü de pantolonundaki leke gibi kıpkırmızı kesilmiş, çaresizce ağlamaya başlamıştı. Üzerimdeki hırkayı beline dolaması için ona verdiğimde hayatını büyük bir tehlikeden kurtarmışım gibi kollarını boynuma sararak teşekkür etmişti.

Manzaradaki tezat beni derinden sarsmıştı. Kötü yazılmış bir masalın içinde gibiydim. Prens Küçükçük erkekliğe geçişini tüm şehre övünç içinde haykırırken, ablası Prenses Pedsizregl, genç kızlığa geçişini saklamak için kıvrım kıvrım kıvranıyordu. Senaryonun ikiyüzlülüğüne öfkelenmiş, kızın ağlamasına da kızmıştım. Bu kadar düşük zekâlı bir dünyaya bu kadar üzülerek tepki vermek zorunda mıydı? Umursamamak da bir seçimdi. El yapımı saçmalıklar kadar, bu saçmalıkları umursamayı seçenler de suçluydu.

Üstelik bu durum sadece bize özgü değildi. Tabularla ilgili bir kitapta, dünyanın başka coğrafyalarındaki kadınların da benzer bir tavırla karşı karşıya olduğunu okumuştum. Avustralya yerlileri âdet gören kadınları bizden daha beter ediyordu. Kadının âdet gördüğü zamanlarda erkeklerin kullandığı eşyalara dokunması, erkeklerin geçtiği yollardan yürümesi yasaktı. Bunları yapmanın cezası ölümdü. Uganda'da bir kadın âdet görerek kirlenmişse dokunduğu kaplar yok ediliyordu. Amerikan kabilelerinin çoğunda âdet gören kadından çok korkuluyordu. Genç bir kız âdet belirtileri gösterir göstermez, kadınlar hariç, herkesten ayrı tutuluyor, küçük bir kulübede tek başına yaşamak zorunda bırakılıyordu. Âdet halindeyken erkeğe ait herhangi bir şeye, bir hayvanın etinin artıklarına dokunmaktan kaçınması gerekiyordu, yoksa kirlenmişliği bu hayvanlara da bulaşıyor, hayvanlar hiddetleniyor, avcılar başarısız oluyordu. Görüntüsü bile toplum için tehlikeli olduğundan, âdet sonrasında belli bir süre saçlarını ve yüzünü örten bir başlıkla başkalarının bakışlarından gizleniyordu. Kostarika'daki Kızılderililer de âdet gören kadını kirlenmiş sayıyordu. Yemek yerken ona tabak vermiyorlar, kadın sadece muz kabuklarını tabak olarak kullanabiliyordu. İş bitince kabuklar özel olarak tecrit edilmiş bir yere atılıyordu. Maazallah, bir inek bunları yerse eriyip gideceğine ve sonunda öleceğine inanılıyordu.

Kadının doğurganlığını simgeleyen âdetin, kadının doğurduğu erkek tarafından ölüme varan cezalarla cezalandırılması ikiyüzlülüğün ve zulmün doruk noktası değil miydi? Haydi bunlar ilkel kabileydi, bizimkiler niye hâlâ bu kadar ilkeldi? Neden regl hâlâ utanılması gereken bir şeymiş gibi gizleniyordu?

Bir toplumdaki saçmalıkların en çok farkında olanlar çocuklardır. Gördükleri türlü abesliğin sebebini merak ettikleri için sabahtan akşama kadar "neden" diye sorarlar. "Neden" sorusu insanları "düşünmek" denen zahmetli ve korkutucu eyleme sevk ettiği için çocukların soruları aceleyle geçiştirilir. Üstelik kendileri de büyüklere karşı gelmekle, çok konuşmakla, yaramaz olmakla suçlanırlar. Soru sormayan çocuk akıllı, uslu çocuktur. Toplum düzenini tehdit etmez ne de olsa.

Çocuğun bitmek tükenmek bilmeyen, düzeni tehdit eden sorularının başı ilkokula kadar ezilememişse, okul bu görevi başarıyla devralır. Bir süre sonra sorular yavaş yavaş ölmeye, yerlerini bayat cevapların papağan gibi tekrarına bırakır. Bayat olan bitiktir. Bitik olan zararsızdır. Zararsız olan sevilesidir. Düzeni bozan bir düzenbaz değildir.

"Neden" sorusunu sormaktan ilkokulda da vazgeçmemiş biri olarak toplum düzenini tehdit ediyordum. Ortaokula gelmiş olmama rağmen hâlâ sormaya devam ediyordum. Ehlileştiremediklerindendim. Benden hazzetmiyorlardı, bunu dile getirmeseler de bana karşı tavırlarından anlayabiliyordum.

"Oğlanların pipilerinin kesilmesini niye törenlerle kutluyorsunuz?"

Soruma hâlâ bir cevap alamamıştım. Dahası oda gülüşmeler, mırıltılar ve homurtularla dolmuştu. Yaklaşık on beş kadın vardı. Mutlaka birinden doğru düzgün bir cevap gelecekti. On beşte bir ihtimal düşük bir oran sayılmazdı.

Biraz sonra Huriser Hanım adlı şahıs, "Bu saç sana çok yakıştı," dedi, ısırdığı poğaçadan ağzının kenarına yapışan peyniri sol elinin serçeparmağıyla temizlerken. Kim olduğunu bilmediğim kilolu bir kadın, "Ama bu aralar biraz kilo mu aldın sanki? Neyse, gençsiniz, çabuk verirsiniz," diyerek devam etti. Beden algımı sarsmaya yönelik bu takdire şayan girişimden sonra anneannemin "Kollarını bağlayarak oturma, kısmetin kapanacak" nidasıyla serinin tüm hareketleri kusursuzca tamamlandı.

En ufak bir cevap verme zahmetine girmeden konuyu geçiştirmelerini saygısızlık olarak görmüş, çok kırılmıştım. Kendimi daha fazla tutamayıp ergenliğin de bana verdiği yetkiye dayanarak bağırdım:

Basmakalıp erdemi yakıp geçtim ve kendi erdemime ulaştım!

Ki benim erdemim bedene ve zihne bağlılıktır!

Sylvia Plath'ın günlüklerinde okuduğum bu cümleler çok hoşuma gittiği için ezberlemiştim. Bu repliği bir gün büyük bir sahnede spotların altında söylemeyi hayal etmişken büyük çıkışım günahsız annemin gün ortamına kısmet olmuştu. Yanlış zamanlamam hayal ettiğim etkiyi yerle bir etmişti. Alkış sesi yoktu. Herkes suspustu. Hayatımda bu kadar endişeli yüz ifadesini daha önce bir arada görmemiştim. Utançtan ölmek üzereydim. İçine girmek için umutla yerin yarılmasını beklemiş, fakat ondan da yüz bulamamıştım.

Az önce "pipi" kelimesini kullanmam bile bu denli endişeye mahal vermemişti. Anlaşılan "pipi" kelimesi, "erdem" kelimesinden daha zararsız görülüyordu. Pipiden söz etmek gülünçtü, erdemden söz etmek ise endişe vericiydi. Bazı kadınlar kahve fincanlarına gömülmüştü, bazıları birbirlerine manalı bakışlar fırlatıyordu. Annem yerin dibine geçmiş görünüyordu.

"Sabah akşam kitap okuyup duruyor, âlim olacak zaar, evde kalacak bu gidişle," çıkışıyla kaygılı sessizliği bozan yine anneannem olmuştu. Bu tanıdık cümleler, ortamdakilerin fabrika ayarlarına hızla geri dönmesini sağlamıştı. Çok kitap okuyan öfkeli bir ergen tabii ki zırvalayacaktı, endişelenecek bir şey yoktu. Biraz daha ileri bir tarihte, sosyoekonomik seviyesi daha yüksek bir aileye doğsaydım "yavrumuz üstün zekâlı" düşüncesiyle apar topar IQ testine sokulur, üstün zekâlı olduğum bir an önce tescillenmeye çalışılırdı. Oysa şu anda orada olan herkes geri zekâlı olduğumdan emindi. Doğduğun dönem kaderindir.

Anneannemin hayat öpücüğü, kadınları az önceki gamsız hallerine geri döndürmüştü. "Aman canım, gitmeyin çocuğun üstüne, daha çocuk o ayol. Hadi bana çay getir kızım, hadi yavrum. Ayyy, bu akşam benim dizim var, bakalım ne olacak? O kayınvalide yok mu o kayınvalide, tam bir yılan. Benimkinin pabucunu dama atar vallahi, hah hah hah!"

Bir süre sonra beni günlere dahil etme sevdasından vazgeçildi. Kültürel asimilasyon programı başarısızlıkla sonuçlanmıştı.

Dünya için küçük, benim için büyük bir adımdı.

***

Dünya görüşümün, hayallerimin ve hedeflerimin şekillenmesinde okuduğum yazarlara çok şey borçluydum. Onların kafasının etrafımdaki herkesten daha çok çalıştığını hissediyordum. Muhteşem fikirlere bu kadar kolaylıkla ve uygun maliyetle ulaşabildiğim için okuduğum her kitabın sonunda yazarına teşekkür ediyordum. Elime geçen ne varsa okuyor, her kitaptan iyi kötü mutlaka bir şey öğrenmeye çalışıyordum.

Hayat, seçim sandığımız tesadüflerle doludur. Raftan rastgele seçtiğin bir kitap, hayat hikâyene bambaşka bir yön verebilir. Bana da öyle olmuştu. Bir keresinde misafirliğe gittiğimiz bir evin arka odasında dev bir kütüphaneyle karşılaşmış, büyülenmiştim. Daha önce bir evin içinde o kadar kitabı bir arada görmemiştim.

Rafta *Kadının Adı Yok* diye bir romana rastlamıştım. Yazarı Duygu Asena diye biriydi. Daha önce bu ismi duymamıştım. Büyükler içeride her zamanki sohbetlerine devam ederken, kadınların yaşadığı haksızlıkların ayrıntılarına en sağlam kaynaklardan birinden ulaşmıştım:

> *Bütün kadınlar evlenmek için programlanmışlardır. Bir erkek onlarla evlenmek lütfunda bulunduğu zaman, zevkten ölürler. Evlenme teklifi aldıkları gün yaşamlarının en büyük günüdür. Nikâh günü, bekâretin bozulması günü, ana oldukları gün gibi üç-beş tane daha büyük günleri vardır. Ve bu büyük üç-beş günün yaratıcıları da doğal olarak erkeklerdir. Onlarsız, büyük günler hiç yoktur. Sen de onlardan biri olduğuna göre, onların kurallarına uymalısın, uymazsan acı çekersin, dışlanırsın, aykırı kalırsın. Uyarsan? Uyarsan da acı çekersin, hem de asıl acıyı çekersin. Hem de acı çektiğini hiç anlayamadan çekersin...*

Bu kadın etrafımdaki insanlardan çok farklıydı. Söyledikleri beni çok etkilemişti. O günden sonra üzerinde çok düşünmüştüm bu cümlelerin. İçeridekiler bunları okuduğumu bilseler acaba ne yaparlardı? Anneannem, muhtemelen, her zamanki gibi, çok okuduğum için dövünürdü. Birileri yaşıma uygun olmadığını söyleyip kitabı elimden almaya çalışabilirdi. Neyse ki çocuk olarak önemsizdim, önemsiz olduğum için rahattım. Kimsenin hayatının merkezi değildim, tepemde her hareketimi ajan gibi takip eden helikopter ebeveynlerim yoktu. Doğduğun dönem bazen iyi anlamda da kaderindir.

Yazarın söylediklerini *Küçük Kadınlar* romanında anlatılanlara benzetmiştim. Bir kıza sadece evliliğin ve aşkın layık görülmesinden bezen Jo karakteri, evlenmeyi hayal eden kardeşlerinden farklı olarak sürekli okuyor, hayal kuruyor, kendi ayakları üzerinde durmak istiyor, başarıyı sadece erkeklerle aynı cümlede anan bir dünyaya meydan okuyordu. Hayal ürünü Jo, benim ilk gerçek arkadaşlarımdandı.

Benzer kafada olan Sylvia Plath'la da tesadüfen bir kitapçıda tanışmıştım. İlk romanı *Sırça Fanus* yurtdışına burslu okumaya giden bir üniversite öğrencisini anlatıyordu. Sylvia gerçek hayatta da bir Fulbright bursiyeriydi. Fulbright diye bir bursun varlığından onun sayesinde haberdar olmuştum.

Açlıkla okuduğum yazarların rehberliğinde, kendime bir gelecek planı inşa ediyordum.

Romandan sonra hızımı alamayıp Plath'ın günlüklerini ve hayat hikâyesini de okumuştum. Fulbright bursuyla gittiği Cambridge Üniversitesindeyken bir partide İngiliz şair Ted Hughes'la karşılaşmışlardı. Aralarında tutkulu bir aşk başlamış, ilişkileri dört ay içinde evlilikle sonuçlanmıştı. Oysa Sylvia evlilik konusunda tereddütlüydü. Evlenip çoluk çocuğa karışmanın yaratıcı enerjisini tüketmesinden, sanatını ifade etmesine engel olmasından korkuyordu. Korkuları gerçekleşmişti. Evlilik ve annelikten sonra Sylvia için derin bir mutsuzluk ve yalnızlık süreci başlamıştı. Londra'da yaşadıkları dönemde kocası Ted başka bir kadın için evi terk etmişti. İki çocuğuyla kalakalan Sylvia, derin bir depresyona girmişti.

O kadar başarılı ol, burslar al, yurtdışında okumaya git. Sonra karşına çıkan ilk adama âşık ol, evlen, çocuk yap. Adam seni aldatsın, terk etsin, hayattan soğu. Neval Teyze'den ne farkın var?

Ted ve Sylvia'nın hikâyesini okudukça içimden söyleniyor, Muhittin Amca ve Neval Teyze'yi hatırlıyordum. Edebiyat dehası Sylvia Plath, sıradan ev hanımı Neval Teyze ve izdivaç mağduru anneannemin uçkuru düşük adamlar yüzünden hayatlarının kararmasını trajik buluyordum.

1963'te soğuk ve kasvetli bir kış sabahı, çocukları yan odada, kocası başka bir evde başka bir kadınla uyuyan Sylvia, geceden çocukların odasının önüne süt ve kurabiye bırakmış, sabah mutfağa gidip fırının gazını açmış, kafasını fırına sokup intihar etmişti.

"Neeee! Çocuklarına sütle kurabiye mi bırakmış! Ne kadar düşünceli bir hareket ya! Bravo! Kurabiyeler organik miydi bari?"

Gece yorganın altında el feneriyle bunları okurken kendimi tutamayıp yüksek sesle söylenince, zor uykuya dalan anneannemi de uyandırmıştım:

"Fesupanallah, ne bağırıyorsun kör olmayasıca gece gece?"

"Nedir bu adamlardan çektiğiniz anneanne ya? Evlenir evlenmez hevesini alıp hemen başka kadına yallah."

"Delinin gece gece derdine bak, Allahım sen affet ya Rabbim."

"Sylvia da seninle aynı kafadaysa yandık."

"Edepsiz, zırdeli. Devir kıçını yat, sen evde kalacaksın nasılsa."

Kurabiyenin içine işlenmiş şeker yerine pekmez mi koydun yoksa çocuklar zarar görmesin diye? Çocukların ağzına etmeden önce ağızları tatlansın mı istedin? "Az sonra ölü bedenimle karşılaşarak hayatınızın travmasını yaşayacaksınız, ama sağlığınız için önce sütünüzü ve kurabiyenizi bitirin yavrularım, hayata olan inancınızı yitirmeden önce karnınızı güzelce doyurun" *mu dedin? Bunu nasıl yaparsın?*

Hayatın akıl sır ermeyen bir matematiği vardı. Sylvia öldükten sonra kocası Ted, sevgilisi Assia'yı da aldatıp başka bir kadınla evlenmişti. Assia, Ted'den ayrıldıktan sonra bir gün yatağının şiltesini evin mutfağına taşımış, küçük kızını yanına almış, bir bardak viskinin içine koyduğu uyku haplarını çocuğa içirmiş, fırının gazını açmış, kızıyla birlikte şiltenin üzerine uzanarak dünyaya veda etmişti. Bunları okudukça deliye dönüyordum.

Aynı adam için yaşamına mutfakta son veren iki kadın. İkisi de çocuklarını öldürmüş. Biri intihar edip çocuklarının yaşamasına izin vererek onları öldürmüş, diğeri kendisiyle birlikte çocuğuna da kıyarak... Hangisi daha korkunç? Süt, kurabiye ve ölü bir anne mi? Viski, uyku hapı ve anneyle birlikte ölmek mi?

Bazı anneler çocuklarına süt, sevgi ve hayallerle dolu bir gelecek veriyordu.

Bazı anneler süt ve kurabiye bıraktıktan sonra çekip gidiyor, çocuklarının geleceğini karartıyordu.

Bazı anneler el yükseltip viski ve uyku hapı eşliğinde çocuğu ve geleceğini tamamen yok ediyordu.

O çocukların hiçbiri annelerini seçmemişti. Oysa anneleri onları seçebilirdi. Seçebilir miydi gerçekten? Kendini seçmeyen bir anne çocuğunu seçebilir miydi?

Bunları dert edinmek için erken bir yaşta olduğumu düşünmeden içten içe öfkeleniyordum. Yaşadıkları hayatı düşününce kadınların haline üzülüyordum. Hayat kadınlar ve çocuklar için neden bu kadar adaletsizdi? İnsan çocuğuna nasıl kıyardı? Ne kadar acı çekerse çeksin çocuğunu nasıl öyle çaresiz halde bırakırdı? Bu mümkün müydü?

Sylvia'nın çocuklarından biri de büyüdüğünde intihar etmişti. Annesi öldükten sonra hiç yaşamış mıydı ki? Mutsuzluk zinciri nereden, nasıl, ne zaman kırılırdı? Okuduklarım beni sarsmış, derin düşüncelere gark etmişti.

Bizim aile çevresinde böyle büyük sanatçılar ya da trajik hikâyeler olmadığını fark etmiştim. Belki de büyük sanatçılar olmadığı için trajik hikâyeler yoktu. Aldatmalı hikâyesi olan bir Muhittin Amca ve Neval Teyze vardı, onlarınki de epey sıradandı. Ayrıca Neval Teyze Muhittin Amca'nın ardından bir saniye bile intiharı düşünmemişti. Hatta kendi deyimiyle "o sümsük heriften" kurtulduğu için içten içe şükretmişti. Sylvia ve Assia'yı düşününce Neval Teyzeyi takdir etmiştim. O kendine, onların yaptığı kötülüğü yapmamıştı. Ne de olsa Neval Teyze sıradan bir kadındı. Deha hayatı aşırı uçlarda yaşamaksa, belki de sıradan olmak bir şanstı.

Başka bir açıdan bakınca da Neval Teyze şanssız görünüyordu. Sylvia gibi kadınlar aşkı da delidolu yaşıyordu. Sonu felaket de olsa sırılsıklam aşkı tadabilmişlerdi. Neval Teyze ise Muhittin'le sıradan, sıkıcı bir mantık evliliği yapmıştı. Kim bilir, belki de aşk denen duyguyu hayatı boyunca yaşamamıştı. Evlenmek bir seçim değil mecburiyet gibi görüldüğünden zamanı gelince önüne çıkan ilk uygun adayla evlendirilmişti. Neval Teyze aşkı bilmiyordu ki aşk için ölsün. Anneannemin hikâyesi de öyle değil miydi? Hangisi daha trajikti? Dehanın aşk için ölmesi mi, sıradan insanın aşkı bilmeden ölmesi mi?

Öfkeli bir ergen olarak bildiğim tek şey, bu kadınlar gibi olmak istemediğimdi. Ne Sylvia, ne Neval, ne anneannem gibi olacaktım. Ne olursa olsun hayatımı başka bir adamın eline teslim etmeyecektim. Kendi ayaklarımın üzerinde durmam bir seçenek değil bir mecburiyetti, artık iyice emindim. Okuduklarım beni hayata ve hayallerime sıkı sıkıya bağlamıştı. Kimsenin kölesi olmamak için eğitimin şart olduğunu anlamıştım. Bir zamanlar kölelere eğitimin ve kitap okumanın yasaklandığını bilmek beni daha da kamçılıyordu. Özgürlüğe giden yol sağlam bir eğitimden geçiyordu. Kendime yetecek noktaya gelene kadar havlu atmayacaktım.

Sınavlara çalışırken ne zaman gözlerim ağırlaşıp kapanacak olsa, çubuklu pijamalarıyla koltuğa yayılıp elinde kumandayla kanalları gezen, göbeğini hatır hutur kaşırken "Akşama ne yemek var?" diyen hayali koca imgesiyle kendime geliyordum. Çubuklu pijamanın alternatif hayali, gökdelenlerle bezeli muhteşem New York'ta öğrenci olmak, uzaklarda bir diyarda kendi başıma var olmanın zevkini yaşamaktı. Hayali kocamın heybetli göbeğinin karşısına New York'un göbeğindeki heybetli Özgürlük Heykeli'ni koyar koymaz bedenim çalışma şevkiyle doluyordu.

Bir mizah dergisinde bu tipolojiye uyan bir adam karikatürü bulmuş, güzelce kesip "ZEKİ = BEKÂR" formülümün yanına yapıştırmıştım. Çalışma masamın duvarında *Olağan Şüpheliler* filmini aratmayacak ilginçlikte bir kolaj oluşuyordu. Duvara bakanlar hiçbir anlam veremezlerdi. *Keyser Söze.* Anneanneme bu ismi söylesem "Kevser sözlenmiş mi? İyi etmiş, senin gibi evde kalacaktı az kalsın" tarzında bir cevap vermesi çok muhtemeldi.

Uyguladığım bu tür psikolojik tekniklerin de desteğiyle üniversite sınavını kazanmıştım. Bu sadece ilk adımdı. Henüz kabuğumdan çıkmam için yeterli koşullar oluşmamıştı. Yolum uzundu, adımlarım küçüktü ama iradem sağlamdı. İstikrarlı bir çalışma süreci sonunda üniversiteyi de yüksek not ortalamasıyla tamamlamış, Sylvia'dan duyduğum Fulbright bursuna başvurmuş, uzun soluklu bir değerlendirme sürecinin sonunda o muhteşem bursu kazanmıştım. Gideceğim üniversite ve bölümü de seçmiştim: New York'taki ünlü Barnard College'da Kadın Araştırmaları bölümünde yüksek lisans yapacaktım. Dünyalar benimdi.

Bursun jüri heyeti bu bölümü neden seçtiğimi sorduğunda gerçek cevap "anneannem yüzünden" olsa da, doğruları doğru yer ve doğru zamanda söylemek makbuldü. Doğru cevabı yanlış yer ve zamanda söylemek dürüstlük değil ahmaklık olurdu. Jürinin kafasını bulandırmaya hiç gerek yoktu. "Kadınların toplumdaki yerini güçlendirmek, daha fazla kadının potansiyelini gerçekleştirmesi ve kendi ayakları üzerinde durabilmesi için gerekli altyapının ülkemde tesis edilmesine katkı sunmak" beni hayalimdeki sonuca götüren akıllıca bir cevap olmuştu.

Anneannemin bitmek tükenmek bilmeyen evde kalma baskısı, sıkıcı altın günleri ve kitaplarını okuyarak aydınlandığım kadın yazarlar olmasaydı, belki New York'u sadece televizyonlarda ya da rüyamda görecektim.

Jürinin sorusunun doğru cevabı "anneannem yüzünden" değildi. Doğru cevap, "anneannem sayesinde"ydi.

New York limanına girerken, çok önceden fark ettiği Özgürlük Tanrıça'sını, bu kez sanki ansızın güçlenen güneş ışığı altında gördü. Tanrıça'nın kılıç tutan kolu, âdeta hemen o anda yukarılara doğru uzanıyor, vücudunun çevresinde özgür rüzgârlar esiyordu.

Franz Kafka, *Kayıp*[*] *(Amerika)*

---

* Çeviri: Kâmuran Şipal

Şehirlerin kendine has kokuları, sesleri, karakterleri vardır. New York bir ses olsa susmayan ambulans sireni, müzik türü olsa caz, renk olsa gökkuşağı, yiyecek olsa Sabrett sosisli sandviç, koku olsa kızarmış fıstık, insan olsa 5. Caddede pahalı bir mağazanın önüne kıvrılmış bir evsiz, giysi bedeni olsa XXL olurdu.

Daha önce filmlerde ve kitaplarda tanıştığım görkemli kent aynı anda ürkütücü ve büyüleyiciydi. Hayat burada çok hızlı akıyordu. İnsanların adımları ve cümleleri hayatın hızlı temposuna eşlik ediyordu. New Yorklular sürekli bir yere yetişme telaşı içindeki karıncaları andırıyordu. Dev kentin hızlı akışı ve ağırlığı altında her an ezilme tehlikesiyle yaşayan, kentin sunduklarından kendi payına düşen ne varsa aceleyle kapıp götürmeye çalışan, iş güç arasında yolda durup iki çift laf edecek vakti olmayan, uzaktan bakınca hepsi birbirinin aynı görünen karıncalar...

İçimde her duruma uygun bir parça seçmeye hazır bekleyen müzik kutusu, Times Meydanını ilk gördüğümde Sezen'den *Küçüğüm* şarkısını çalmaya başlamıştı. Dev gökdelenler, ışıltılı panolar, öküz doyuran porsiyonlar, çok katlı kitabevleri, ucu bucağı gelmeyen süpermarketler, şehrin neredeyse üçte birini kaplayan Central Park... Her şey devasa boyutlardaydı.

"Kim olursan ol, gel" diyordu bu açık fikirli şehir, ama parmağını sallayarak ekliyordu, "geldikten sonrasına ben karışmam." Burası ne Amerika'ydı, ne Türkiye'ydi. Burası nevi şahsına münhasır New York'tu. Büyük Elma'ya (New York'a verilen isim buydu) gelen envai çeşit insanın kesişim noktası, hayalleri olmalıydı. Kim bilir ne umutları hoyratça çiğneyip atmıştı bu hızlı, entelektüel, ışıltılı dev. Kaç kişiye yakışıklı çehresiyle "gel gel" yapıp hayallerini boşa çıkarmış, tertemiz duygularıyla oynamıştı.

Şehirdeki hız ve büyüklüğün ötesinde beni en derinden etkileyen, havayı kuşatan özgürlük hissiydi. En basit ayrıntıda bile bunu hissedebiliyordum. New York'taki ilk haftamda metroda karşıma yüzü çilli, kızıl saçları iki yandan örgülü, yirmi yaşlarında bir kız oturmuştu. Üzerinde minicik bir kot şort vardı. Bacakları futbolcu bacağı gibi baştan aşağı kıllarla kaplıydı. Ona aşağıdan yukarıya doğru bakmaya başlasam erkek sanabilirdim. Kız kıllı bacaklarına rağmen son derece rahattı, hatta cümledeki "rağmen" kelimesi muhtemelen ona bir şey ifade etmezdi. Onun adına rahatsız olan bendim. İstanbul'da bu şekilde metroya binse, millet bacaklarına gözlerini diker, yanındakinin kolunu dürtüp bıyık altından güler, "metrodaki kıllı kız"ı kıyamet habercisi gibi eşe dosta anlatırlardı.

Kızı, hayalimde, metronun koltuğundan kaldırıp Neval Teyze'nin altın gününde, baş kısmı dantel örtüyle süslenmiş kolçakları oymalı, yeşil, antika koltukta otururken hayal etmiştim. Kadınlar korosu anında şakımaya başlardı:

"Ah Mary vah Mary, o halde sokağa çıkılır mı, aşk olsun."

"Tövbe tövbeee! Ne o öyle kıllı kıllı? Erkek bacağı gibi."

"Hiç senin gibi bir hanım kıza yakışıyor mu?"

"Elâlem ne der?"

"Çok ayıp!"

"Çok çirkin!"

"Çok kıl yoktur az ağda vardır, tiz ağda kaynatıla!"

Kıza acıyarak hayalimi apar topar sonlandırmıştım. Bizimkiler için ne akıllı ne de kıllı bir kız makbuldü. Oysa burada kimse kimseye başını çevirip bakmıyordu bile. Etrafımdaki gözlerde yargılayan bir ifade aramış, en ufak bir ipucu yakalayamamıştım. Gerçek özgürlük, varoluşunun cezalandırılmadığı yerde mümkündü. Kimliğin için suçlanmadığın, dış görünümünle yargılanmadığın, seçtiklerin ve seçmediklerin için utandırılmadığın sürece özgürdün.

Daha doğrusu "gerçek özgürlük görüntüsü" böyle bir şey olmalıydı çünkü buzdağının görünmeyen kısmında birilerinin özgür olmadığına şüphem yoktu. Nihayetinde New York da dünya üzerinde bir kara parçasıydı ve dünya özgürlük, adalet, eşitlik gibi kavramların coğrafyadan coğrafyaya değil kişiden kişiye değiştiği bir yerdi. Metroda kıllı bacaklarla özgür olduğun hissini yaşatırken geri planda insanı kıllandıran başka haksızlıklar olduğuna şüphe yoktu. Hayat aynı kişi için bile bazen daha adil, bazen adaletsiz olabilirdi. Şimdilik hayat bana adil yüzünü gösteriyordu.

"Yuva, doğduğun yer değildir. Yuva tüm kaçma girişimlerinin son bulduğu yerdir" diyen Necib Mahfuz, benim için New York'u tarif ediyor gibiydi. Şehre adım attığım andan itibaren kendimi bu özgür ortama ait hissediyordum. İçimde hafiften bir suçluluk duygusu gezinmiyor değildi. Yabancı bir yere bu kadar çabuk alışarak geride bıraktığım, beni buraya gönderen şehre haksızlık ettiğimi düşünüyordum.

Yine de suçluluk duygum çabuk geçiyordu. IQ'su yüksek bir şehirdi burası. Fareler bile beni aptal hissettirecek kadar zekiydi. Yıllardır belediye türlü çabalara rağmen farelerin kökünü kurutamamış, hayvanlar her seferinde farklı bir çözüm geliştirerek kapana kısılmaktan kurtulmuştu.

Konserler, tiyatrolar, festivaller, sinemalar, müzeler gırlaydı. Adım başı rastladığım kitabevleri, her gün sayısız kitap söyleşisine, şiir dinletisine, yazar buluşmasına ev sahipliği yapıyordu. Strand ve Barnes & Noble'a bayılıyordum. Broadway 72. Caddedeki Barnes & Noble'ın en üst katındaki kafeye oturup incelemek üzere masaya yığdığım kitaplarla farkına varmadan saatler geçirebiliyordum. Kitabevleri kütüphane gibiydi; istediğin kitapları seçip satın almadan akşama kadar okuyabilirdin, kimse karışmıyordu. Bir oturuşta, tek kahveyle o kitap senin bu kitap benim dünyaları dolaşıyordum.

En sevdiğim yerlerden biri de Manhattan'ın göbeğindeki New York Halk Kütüphanesiydi. Hayatımda bu kadar muazzam bir kütüphaneyi ilk defa görüyordum. Kütüphaneden çok bir sarayı andırıyordu. Murallarla bezeli yüksek tavandan sarkan ihtişamlı avizelerin altında, şık abajurlarla ışıklandırılan uzun ahşap çalışma masaları diziliydi. Araştırmacılar, öğrenciler, turistler ve evsizler yan yana, huşu içinde kitap okuyordu. Bu dev salonda, etrafımızı saran dev yazarların ortasında sessizce otururken hepimiz aynı derecede küçüktük.

Favori bir diğer mekânım, adanın ucundaki Battery Park'tı. Yıllarca fotoğraflarını gördüğüm Özgürlük Heykeli'ni izlemek için en iyi noktalardan biriydi. Fransız heykeltıraş Bartholdi'nin elinden çıkan görkemli heykelin Osmanlı'yla bağlantısını öğrendiğimde şaşırmıştım. 1860'larda Mısır Osmanlı İmparatorluğu yönetimindeyken, Mısır hıdivi Said Paşa, Süveyş Kanalının inşası için bir antlaşma imzalamıştı. Antlaşma gereği, heykeli Süveyş Kanalındaki limanın girişine koyacaklardı. O zaman padişah olan Abdülaziz huzursuzluk çıkar diye bu işten vazgeçmişti. Bunun üzerine heykeli Paris'te bir depoya kaldırmışlardı.

Sonra Fransa bizim kızı depodan çıkarıp tozlarını üflemiş, birkaç değişiklikle kuruluşunun yüzüncü yılı için hediye olarak ABD'ye postalamıştı. Özgür Kız'ı 350 parçaya bölüp 214 sandık içinde New York limanına ulaştırmışlardı. Parçalar dört ay içinde kaidenin üzerinde yeniden birleştirilmişti. Yani Özgürlük Heykeli'nin coğrafi kaderi son dakikada Doğu'dan Batı'ya çark etmişti. Elindeki meşale, başta, Asya'nın ışığının Mısır'dan geldiğini simgelerken şimdi Amerika'nın vaat ettiği özgürlüğü sembolize ediyordu. Aynı heykeli farklı bir coğrafyaya dikince anlamı tümden değişmişti.

Buraya gelirken bazı akrabalar yarı alaycı yarı gıpta eden bir ifadeyle bana "Özgür Kız" lakabını takmışlardı. Bayan Özgürlük'le farkımız, benim buraya kendi rızamla ve tek parça halinde gelmemdi. İbni Haldun'a atfedilen *coğrafya kaderdir* sözünü düşünmüştüm. Doğu'dan Batı'ya çark eden bedenimle birlikte kaderim değişmiş miydi? Yoksa ne olursa olsun, nereye gidersem gideyim doğduğum coğrafya kaderim miydi?

Kader kavramı etrafında kurulan her cümle bana göre bir teslimiyet ifadesiydi. Varlığımı "kaderdir" diye biten hiçbir cümleye teslim etmemeye kararlıydım. Coğrafya taştan bir heykel için kaderdi. Coğrafya, köklerini toprağa salmış, başka bir yere hareket etme şansı olmayan ağaç için kaderdi. Kaderini "coğrafya kaderdir" cümlesine teslim edenler için kaderdi, hatta bazen kederdi. İnsan, bedenini bulunduğu coğrafyadan başka yerlere taşıyarak yaşamını değiştirmeyi seçebilirdi. Taş değildi, ağaç değildi, rüzgârın savurduğu cansız, başıboş bir yaprak değildi. Seçebilirdi.

Sefaletin, yokluğun, şiddetin ortasına doğmak yerine orta halli, huzurlu bir eve doğmuş olmam bir şanstı, bunun farkındaydım. Şansımın üzerine aklımı ve çabamı katmak ise kendi seçimimdi. Sahip olduğum ayrıcalığın bana sorumluluk yüklediğini düşünüyordum. New York'a gittiğim ilk hafta aşka gelerek sağ elinde meşale, sol elinde hitabe olan heykelin karşısına geçip kendimce bir söz vermiştim. Geri dönecek, coğrafyamın kederli kadınlarının kaderle başlayıp kederle biten cümlelerini değiştirmek için çalışacaktım. Aldatılsa da susan Neval Teyze, hayatlarını mutfak hapsinde geçiren altın günü kadınları, sevgiyi ısrarla reddeden mutsuz anneannem gibilerin hikâyelerini baştan yazmak için çalışacaktım.

Sol elimde tuttuğum kahve bardağını heykelin meşalesi gibi havaya kaldırarak söz vermiş, sonradan yaptığım bu hareketi çok kıro bulup kendime kahkahalarla gülmüştüm.

***

Bir Broadway müzikali coşkusuyla başlayan New York maceram, okul başladıktan sonra bir Nuri Ceylan filmi yavaşlığına büründü. Derslere girip çıkıyor, akşamları odamda çalışmaya devam ediyor, hafta sonları vakit kalırsa şehri geziyordum.

İçinde sadece bir lavabo, bir yatak ve bir masa olan küçücük bir yurt odasında kalıyordum. Odanın tuvaleti bile yoktu, katın ortak kullanımına açık olan banyoyu kullanıyordum. "One-dollar store" denilen, bir dolara bir sürü ıvır zıvır satan dükkânlardan alışveriş yaparak epey eksiğimi tamamlamıştım. Odamın duvarları incecikti. Kimi sabahları, yan odada kalan İspanyol kızın kurduğu alarmla uyanıyordum. Bazen, sabahın köründe annesini aradığında, kadının telefonun öbür ucundan söylediği cümleleri, odamın içinde konuşuyormuş gibi, net duyabiliyordum.

Tüm konforsuzluğuma rağmen yine de mutluydum. Hayatımda ilk kez kendi odam ve masam vardı. Duvarların inceliği, eşyaların ucuzluğu, odanın küçüklüğü, tuvaletin yokluğu... Hiçbiri odanın bana ait olmasının mutluluğuna gölge düşüremiyordu. "Kurmaca yazarı olmak isteyen bir kadının biraz parası ve kendine ait bir odası olması gerek" diyen Virginia Woolf'u şimdi daha iyi anlıyordum. Kurmaca yazarı olmayı planlamasam da biraz para ve kendine ait bir alanın rahat bir nefes aldırdığını ilk kez deneyimliyordum.

Odanın bana ait olması dışındaki bir diğer lüks de muhteşem Hudson Nehrine bakmasıydı. Bazı akşamlar günbatımında penceremin önünden nehrin büyülü güzelliğini izliyor, yaşadığım rüyaya inanmaya çalışıyor, bir taraftan da her şeyin geçiciliği üzerine felsefi düşüncelere gark oluyordum. Buradan da bir gün gidecektim.

O sakin saatlerde evdekileri düşünüyordum. Anneannemle atışmalarımı özleme yakın bir duygu eşliğinde gülümseyerek hatırlıyordum. Anneannem ve özlemek kelimelerinin bir araya gelmesi, içimde var olduğunu bilmediğim, yepyeni bir duygu katmanını keşfettirmişti. Kendini keşfetmek dedikleri herhalde böyle bir şeydi.

Okulda birkaç kız arkadaş edinmiştim. Beni sık sık partilere davet ediyorlardı. Onları kırmamak için birkaç partiye gitsem de bu ortamlar beni açmıyor, yalnızlığın ve kitapların verdiği tadı vermiyordu. Kız arkadaşlarımın erkek ve flört odaklı sohbetlerine ortak olamıyordum. Bu konularda aktif bir arayış içinde olmak da istemiyordum. Partilerden uzak durmam, biraz da Sylvia Plath'ın etkisiydi. Evliliğe bu kadar karşı olan birinin bursla yurtdışına gidip katıldığı ilk partide tanıştığı ilk adamla evlenmesini bir türlü aklım almıyordu. *Günlükler*'inde tasvir ettiği tanışma sahnesini düşününce, kafamı apar topar kitaplarıma gömüyordum:

*Derken olabilecek en kötü şey oldu; gece boyunca kadınlar hakkında atıp tutan ve daha odaya girdiğim anda sorduğum halde adını kimsenin söylemediği, bütün o insanların arasından benim için yeterince büyük olan tek erkek, o iriyarı, esmer, dört dörtlük adam yanıma geldi, ta gözlerimin içine bakıyordu, o Ted Hughes'tu... Sert esen rüzgârda sesimizi duyurmaya çalışırcasına bağırarak çıkan bir eleştiri hakkında konuşuyorduk... Sonra birden dudaklarıma yapıştı ve güneşten ve fazla sevilmekten yıpranmış ve benzerini bulamayacağım saç bandımı, o çok sevdiğim kırmızı saç bandımı ve en sevdiğim gümüş küpelerimi zorla çekip aldı: hah, bunlar bende kalsın, diye böğürdü... Boynumu öperken yanağını uzun uzun sertçe ısırdım, odadan çıktığımızda, yüzünden kanlar sızıyordu.**

Çapkın şair Ted, romantizm adı altında böğürerek önce Sylvia'nın gümüş küpelerini, sonra hayallerini, sonra hayatını alıp götürmüştü. Bu vahşi sahneden nasıl olmuştu da evliliğe giden bir aşk doğabilmişti? Aşk bu muydu? İlla işin içinde kan, ter ve gözyaşı mı olması gerekiyordu?

Sylvia'nın yaşadıkları kulağıma küpeydi. Buraya gelme sebebimi unutmamalı, parti ve eğlence ortamlarından mümkün olduğunca uzak durmalıydım. Bu kararım sonucunda, karşı cinsle ilk "romantik" temasım hiç hesapta olmayan bir şekilde gerçekleşecekti. Nuri Ceylan filmi sakinliğindeki günlerimi Hitchcock'un *Sapık* filmini aratmayan bir olay sonlandıracaktı.

***

---

* Sylvia Plath, *Günlükler*, s. 148.

Dönemin ortasına doğru bir akşam, yurtta salon dansları gecesi düzenlendi. Bütün arkadaşlarım şık kıyafetlerini giyip dansa gitmişken ben inekliğime yakışır şekilde odamda kalıp pazartesi günü teslim edeceğim ödevi yazmayı seçmiştim. Kat bomboş ve sessizdi. Çalışmak için ideal koşullardı.

Bir ara duş almak için mola verdim. Bu da çalışma stratejimin bir parçasıydı. Su, mola ve yaratıcılık arasında yakın ilişki olduğu bilimsel olarak kanıtlanmıştı. Suyla temas, beyni rahatlatıp yaratıcılığı tetikliyordu. Suyun kaldırma gücünü bulan Arşimet'in bu aydınlanmayı hamamda yaşaması buna kanıttı. Suyun buldurma gücü sayesinde, az sonra yazacağım ödev için zihnimde birbirinden yaratıcı fikirler filizlenecekti.

Banyoda kimse olmadığını görünce keyfim iyice yerine gelmişti. Kendime ait bir banyo büyük lükstü. Köpüklü saçlarımla bir yandan şarkılar söylerken bir yandan da yaratıcı fikir patlaması beklemeye başladım. Saçlarımı yıkarken gözlerimi kapatmak gibi bir âdetim yoktu; şampuanı insanı kendinden geçirten muhteşem bir malzeme gibi sunmaya çalışan reklamları oldum olası gülünç bulmuştum. Tam bu esnada duş perdesinin önünde bir karaltı görür gibi oldum. Perdede tuhaf bir dalgalanma oldu. Pencere açık değildi, hareketin rüzgârla bir ilgisi yoktu. O anda perdenin önünde biri olduğunu anladım.

Bir saniye içerisinde verebileceğim iki karar vardı: sessiz kalmak ya da perdeyi açıp tüm gücümle bağırmak. Ne yapmalıydım? Susmalı mı, yoksa bağırmalı mı?

Duyacak kimse var mı?

Ya kimse yoksa?

Ya silahı varsa?

Ya sonum Sapık *filminin duş sahnesindeki gibi olursa?*

Bir saniyelik zaman diliminin içinde bir ömre bedel sezgi saklıdır. O birkaç saniye içinde hayatım film şeridi gibi hızla gözümün önünden geçerken bir sahnede ilkokulda şiir okuyan kendimle karşılaştım.

İlkokulda resmi törenlerin vazgeçilmez ismiydim. Ezberim iyiydi ve bağırarak şiir okuyabiliyordum. Bağırarak şiir okumanın makbul olduğunu tesadüfen öğrenmiştim. Bir kere bu şekilde şiir okumuş, içimden "n'oluyo ya" diyecek kadar büyük alkış toplamıştım. Ondan sonra okulda ne zaman bir tören olsa hemen bana bir şiir ezberletildi. Genellikle bir kahramanlık şiiriydi bu. Küçücük boyumla kürsüye çıkıp bademciklerim görünecek şekilde avaz avaz bağırarak şiir okuyor, Minik Serçe misali sahnede devleşiyordum. Az sonra "Allahalallahallah" nidalarıyla cümleten Kurtuluş Savaşına katılacakmışız gibi coşkulu bir ortam oluşuyordu. Bücür boyumla buna muktedir olduğumu görmek, minik şahsıma eşsiz bir özgüven kazandırmıştı. Bir şey anlamadan ve hissetmeden ancak bu kadar iyi bağırılabilirdi. Ne kadar çok bağırırsam o kadar coşkulu alkışlanıyordum. Formülü çözmüştüm: *Avazın çıktığı kadar bağır.*

Bir Anneler Günü töreninde "ana hakkı ödenmez" temalı bir şiirle bir bahçe dolusu insanı bu şekilde ağlatmıştım. Şiirimi göğsüm yırtılırcasına okurken sınıf arkadaşlarımın annesi olan kadınlar mendilleriyle burunlarını ve gözyaşlarını siliyorlardı. O gün, kelimenin tam anlamıyla, herkesin anasını ağlatmıştım. Dinleyici kitlesi değişse de formülüm hâlâ işliyordu: *Avazın çıktığı kadar bağır.*

Bir gün müdürün odasına çağrıldım. Kendimi paralamak suretiyle şiir okuma kabiliyetimin namı TRT Radyosuna kadar ulaşmıştı. Orada bağıracaktım. Haber beni pek heyecanlandırmasa da bir seçim şansım yoktu. Radyoya gittiğimde beni loş, küçük bir odaya aldılar. İki yandan atkuyruklu saçlarım, kafamdan daha büyük beyaz kurdelelerimle son derece abes görünüyordum. Bağırma formülümü devreye sokabileceğim bir ortam değildi. Tesis yetersizdi. Şiirimi bağırmadan, normal desibelde okuduğumda kimse etkilenmemiş, "bunu niye getirdiniz" tarzı bir bakışma olmuştu.

Artık emindim; bağırmazsan yoktun. Çok önemli bir hayat dersiydi bu:

Sesini çıkarmazsan yoktun.

Sesini çıkarmazsan ölüydün.

Sesim kadar vardım.

Sesimi çıkarmalıydım.

Duyulmak istiyorsam avazım çıktığı kadar bağırmalıydım.

Avazın çıktığı kadar bağır.

Perdenin dalgalandığı o bir saniyenin sonunda, içimdeki dev kurdeleli minik kız kürsüye çıkarak can havliyle kükredi:

"Heeeelppp! Heeeelp! Fuck off you fucking pervert! Defol git buradan pis sapık! İmdaaaat! Heeeeelp!"

"Bulduumm" nidalarıyla çırılçıplak hamamdan fırlayan Arşimet misali perdeyi sonuna kadar açmış, banyonun ortasında çırılçıplak vaziyette, göğsüm yırtılırcasına bağırmaya başlamıştım. Sapık paniğe kapılıp kaçmış, kapıdan çıkmadan önce de kafasını çevirip bana bakmıştı. Sırf çıplak bir beden görmek için bu aptalca hatayı yapmasaydı eşkâlini alamayacaktım. Başarmıştım. Su ve yaratıcı düşünme arasında gerçekten bir ilişki vardı.

Olayı takip eden günler benim için asıl felaketti. Yurt idaresi benimle günlerce eşkâl belirleme çalışmaları yaptı. Bilgisayar karşısına oturup yurtta kalan ne kadar erkek öğrenci varsa teker teker üzerinden geçiyorduk. O çocuğu daha önce yurtta görmemiştim, muhtemelen dans gecesi için dışarıdan gelmişti. Bana göre çok abartılacak bir durum yoktu ama yönetim işi sağlama almak için olayın peşini bırakmak istemiyordu.

Bunlar yetmezmiş gibi bana bir psikolog ayarlandı. "Travmamı" iyileştirmek istiyorlardı. Örselenmiş falan değildim oysa. Bu hengâmede derslerime odaklanamamak benim için daha büyük travmaydı. Tüm itirazlarıma rağmen beni okulun psikoloğuna yönlendirdiler.

***

Psikolog Connie Robinson kısacık gri saçlı, çubuk kraker inceliğinde, dev yuvarlak gözlüklü, otuzlarında bir kadındı. Beni masasının tam karşısındaki kahverengi deri koltuğa oturtup başımdan geçenleri ayrıntılı bir biçimde anlatmamı istedi. Neler olduğunu anlattıkça kafasını üzgün üzgün sallıyordu. En kötü Türk dizisinde bile kafasını *çok üzgünüm* diye yana eğen psikolog görmemiştim. Hayatımda ilk kez psikoloğa gitsem de bu kadının işini iyi yapmadığına yemin edebilirdim. Bedava bir şey bir kere olsun kaliteli çıkmamıştı zaten şu hayatta.

Sıkıntıdan patlamak üzereydim. Sözümona gelişmemiş Afrika'da bile bundan daha iyisini yapmışlardı. *Ah, evet, Dostluk Bankı projesi!* Kendi "travmam" yerine bunu anlatmaya karar verdim:

"Ms. Robinson, *Kufungisisa* diye bir kelime duydunuz mu hiç?"

"Hayır, duymadım."

"Zimbabwe dilinde 'depresyon' demekmiş. Aslında tam kelime karşılığı çok fazla düşünmek."

"Bilmiyordum" anlamında kaşlarını kaldırdı ve ağzını gülümsemeyi andıran bir şekle soktu.

"Bir yerde okumuştum. Okumayı çok severim de. Zimbabwe'de 'Psikolojik travma dört kuşak sürer' diye bir söz varmış. Ne güzel söz değil mi? Bence tam duvarınıza asmalık. Savaş, katliam, yoksulluk, ne ararsan var. Orada sizin gibi uzmanların sayısı bir elin parmağını geçmiyor tabii. O yüzden depresyon zinciri devam ettikçe ediyor. Hatta bazı Afrika ülkelerinde tek bir psikiyatr bile yokmuş, inanabiliyor musunuz?"

Psikolog suratına ilgilenirmiş gibi bir ifade yerleştirip gözünün ucuyla saatine baktı.

"Enteresan, bilmiyordum. Yalnız süremiz azalıyor. Sizin hikâyenize dönelim mi?"

Zimbabwe'deki acıların yanında benim hikâye tırt be psikolog hanım.

Bunu içimden söylemiştim. Anlatacağım hikâye gerçekten de ilginçti. Zimbabwe'de yüksek sayıda travma vakasına karşı uzman sayısı çok yetersizdi. Sorunu çözmek için dâhiyane bir program fikri ortaya atılmıştı: Anneanneler! Programın adı *Dostluk Bankı*'ydı. Uzmanlar, köylerdeki ninelere konuşma terapisi eğitimi vermişti. Ninelerin yapmaları gereken tek şey, banklarda oturup yanlarına oturan kişilerin dertlerini dinlemekti. Onlara önce "depresyon" ve "intihar eğilimi" gibi buram buram Batı kokan terimler öğretmeye çalışmışlardı. Ancak gözleri yeni bilginin parıltısında kamaşmayan bilge nineler, Batılı uzmanlara bunun işe yaramayacağını anlatmışlardı. İnsanlara ulaşmak için onların dilini konuşmak gerekliydi.

Sonuç olarak anneanneler banklara oturup uyuşturucu bağımlılarını, açlık ve yoksulluktan kırılan insanları, mutsuz evli çiftleri, yalnız yaşlıları, evlilikdışı hamile kalmış genç kadınları sabırla dinlemeye koyulmuşlardı. Karşılarında kim olursa olsun önce kendilerini tanıtıp, şefkatle "Sorunun ne, bana anlat, ben de kelimelerimle sana yardım etmeye çalışayım," diyorlardı. Sonra Sokratik yöntemle onlara kendi çözümlerini doğurtacak sorular soruyorlardı. Kendileri de benzer travmaları yaşamıştı çoğunlukla. Yaşadıkları fırtınalardan, bambu ağacı misali, kırılmadan esneyerek çıkabilmişlerdi. Banktaki sohbetlerle başkalarına iyi geldiklerini görmek onları da hayata bağlıyordu.

Bence çok değerli bir projeydi. Oysa psikolog Connie Robinson'un bu hikâyeyi dinleyecek vakti de yoktu, isteği de. İsteksizliğine canım sıkılmıştı. Bana işini sevmediğini düşündürmüştü. İşini seven biri başka yerlerde neler olup bittiğini merak ederdi:

"Benim hikâyem bu kadardı aslında. Gerçekten iyiyim. Teşekkür ederim."

"Sizi bu kadar üzdüğüm için çok üzüldüm, ben iyiyim, lütfen siz de iyi olun" demek istemiş, neyse ki kendimi tutabilmiştim. Hayatımın ilk psikolog görüşmesi hüsranla sonuçlanmıştı. Anneannemin psikoloğa gittiği günü hatırladım. Eve geldiğinde son derece memnuniyetsiz görünüyordu. "Sevgi, sevgi, başka bir şey dediği yok" diye hayıflandığında her zamanki memnuniyetsiz hali olduğunu düşünerek psikologdan yana durmuştum. Şimdi ilk defa anneannemin sıkkın haliyle empati kurabiliyordum.

İyi tarafından baktığımda, psikoloğun bana en azından böyle bir faydası olmuştu. Anneannem ve özlem kelimelerinden sonra, anneannem ve empati kelimelerini aynı cümle içinde kullanabilmiştim. Birini anlamaya başlamak için ondan uzaklaşmak gerekiyordu belki de.

Odama dönüş yolunda psikolog kadının yerinde anneannemin olduğunu hayal ettim. Hayalimde yatağının üzerinde bağdaş kurmuş, burnunun ucuna yerleşmiş kavanoz dipli gözlüğüyle bir yandan pirinç ayıklarken bir yandan da yüzüme bakmadan beni dinliyordu. Başıma gelenleri ona anlattıktan sonra son derece umursamaz bir tavır takınarak, "Ee, ne olmuş herif seni çıplak gördü diye? Belki hayırlı bir kısmettir. Armudun sapı, üzümün çöpü, sonunda evde kalacaksın," diyor, "sen önce şu yatağını topla" diye ekliyordu.

Hayal kurmak keyfimi yerine getirmişti. Hayattaki her sıkıntılı olaya travma gözüyle bakılması anlamsızdı. Benimki travmaysa açlık ve yoksulluktan kırılan insanların, ihmal mağduru bebeklerin, erkenden gelin edilen çocuklarınki neydi? İyi olduğumu ısrarla söylememe rağmen beni travma yaşadığıma inandırmaya çalışmalarında bir tuhaflık vardı. Belki de ona buna travma demek birilerinin cebini doldurmasına hizmet ediyordu. O travma bu ilacı satın al, bu travma şu kitabı oku, şu travma bu terapiye git. Bütün bunlar gerçek travma sözcüğünün içini boşaltıyor gibiydi. Belki de travma şarttı; travma olmazsa sistem çökerdi.

"Önemli olan başına gelen değil, onu nasıl yorumladığındır" diyen Stoik bakış açısı bana daha mantıklı geliyordu. Yol boyunca, içimden, psikolog kadına söylenip durdum:

Ya Türküm ben Türk psikolog hanım, biz zaten her acının tiryakisi olmuşuz. Bizim coğrafyamız travma. Bizim hayatımız roman. Anlatmaya kalksam izaha ne benim İngilizcem, ne senin havsalan yeter. Bir altın gününe gelmen lazım anlamak için. Hem o sapık ruh hastası için ben niye psikoloğa gidiyorum ya, asıl o şerefsiz gitsin psikoloğa! Travmaymış. Peh. Otuz yaşına gelmişsin, o travma bu travma, bu gidişle evde kalırsın sen. Di mi anneanne?

Sokakta yüksek sesle kahkaha attım. Neyse ki altı fareler üstü delilerle dolu bu şehirde kimsenin umurunda değildim.

Seni özledim anneanne.

Çok tuhaf... ama seni gerçekten özledim.

Sürdürdüğüm hayat istediğimle,
beklediğimle örtüşüyor mu?

Georges Perec, *Doğdum*

Yalnız başıma olmaktan memnundum. Okulum, kitaplarım ve şehrin sunduğu güzellikler beni fazlasıyla tatmin ediyordu. Oysa arkadaşlarım benimle aynı fikirde değildi. Onlara göre insanın mutlaka bir sevgilisi olmalıydı. Aşk konusunda "bilmediğimi bilmediğim şeyler" olabileceğini söyleyerek itirazlarıma kulak tıkıyorlardı. Sonunda mahalle baskısına yenik düşerek bana "uygun buldukları" biriyle buluşmaya razı oldum.

Uygunluk kriteri, çocuğun da Türk olmasıydı. İnsanın milliyeti kendi seçimi değilken neden kimliğinin merkezine bu özelliğin oturtulduğunu anlayamıyordum. "O da çok kitap okuyor", "O da sinemaya gitmekten hoşlanıyor", "O da dünyayı gezmeyi hayal ediyor" gibi şeyler söyleseler anlardım. "O da Türk" cümlesi bende nedense "as bayrakları" coşkusuna yol açmıyordu.

Çocuk, bir arkadaşımın nişanlısının işyerinden arkadaşıydı. Çiçeği burnunda bir beyin cerrahıydı. Uzun yıllardır Amerika'da yaşıyordu. Bunun dışında hakkında edindiğim yegâne bilgi, iyi bir çocuk olduğuydu. "İyi biri" ifadesi genellikle hiçbir ilginç özelliği olmayan insanlar için kullanıldığından işkillenmiştim. Yine de önyargılı olmamam gerektiğine karar vermiştim. Elimdeki diğer yegâne veri de ameliyathanede çekilmiş maskeli ve boneli bir fotoğrafıydı.

İyi-maske-bone üçlemesi beklentimi epey düşürmüştü. Yine de şekilci olmak istemiyordum. Kimi dünya yakışıklısı adamlar ağzını açtığı anda dünyanın en çekilmez insanına dönüşebiliyordu. Kimi sıradan görünümlü adamlarsa konuşmaya bir başladı mı zekâsına hayran bırakıyor, dinleyeni ağzı açık ayran budalasına çevirebiliyordu. İkisinden biri olacaksa, müstakbel erkek arkadaşımın ikinci grupta olmasını tercih ediyordum.

Bir akşam üstü Meatpacking District'teki bir Meksika restoranında buluşmak üzere sözleştik. Mekâna önce ben gelmiştim. Zaten çocukluğumdan beri ailece her türlü organizasyona herkesten önce gitmemizle meşhurduk. Birinin düğünü olsa biz düğün sahibinden önce orada olurduk. Birinin cenazesi kalksa mevtanın ailesinden ve kendisinden önce camiye intikal ederdik. Neyse ki mevtadan önce diğer tarafa intikal etme girişimimiz olmamıştı henüz.

Kapıdan içeri bir sürü adam girip çıkıyordu. Hepsine "o mu acaba" gözüyle bakıyordum. Birkaçının o olmasını ümit etmiş, birkaçının o olmaması için dua etmiştim. Kapıdan içeri giren kısa boylu, kilolu, esmer bir adam bana doğru yaklaşmaya başladı. Tahminen, Meksikalı garson sipariş almaya geliyordu. Şahin gelmeden sipariş vermek nezaketsizlik olurdu. Garson yanıma yaklaşınca elimle "şimdi değil" manasında bir hareket yaptım.

"I will wait for my friend, thank you."

"Merhaba. Zeynep, değil mi?"

Gelen Meksikalı garson değil Türk cerrahtı. Ona gösterilen fotoğrafım maskesiz ve bonesiz olduğu için beni tanıması kolay olmuştu.

"Evet. Şahin?"

"Merhaba."

El sıkışmak için ayağa kalktığımda kıyafetimi süzdü. Göbeğimi hafif açıkta bırakan kolsuz siyah bir bluz, altına da dizleri yırtık kot pantolon giymiştim. Bana memnuniyetsiz bir bakış fırlatarak geceye damgasını vuran muhteşem cümleyi sarf etti:

"Bana senin melek olduğunu söylemişlerdi."

Ne? Ne dedin sen? Bu sahne bir romanda olsa, insanlar, muhtemelen, yazarın anlattığı hikâyenin gerçek olmadığını düşünürdü. "Komik hikâye uydurmuş kadın, helal olsun" derlerdi. Yazarın hayal gücüne dair hak edilmemiş bu övgü, muhtemelen onu sahtekârlık duygusuna gark ederdi. Oysa insanlık tarihinde böyle bir sahne gerçekten yaşanmıştı.

Özgürlüğün başkenti sayılan modern bir şehirde yıllardır yaşayan, cerrah olacak kadar kafası çalışan bir insan karşı cinse nasıl bu derece sığ bir yerden bakabiliyordu? Zekâ, ahmaklığa engel değildi. Okyanusu aşmış, kıta değiştirmiş, ancak dönüp dolaşıp yine aynı ataerkil zihniyetle karşı karşıya kalmıştım.

Amor fati Zeynep, kaderini sev. Kaderle başlayan cümlelere burun kıvıran ben, başım sıkışınca kaderci cümlelere sığınıyordum. Doğan görünümlü bir Şahin'i bile ona tercih ederdim, en azından ayağımı yerden keserdi. *Derin nefes al Zeynep. Sakin ol. Medeni ol. Gülümse.*

"Meleklerin göbeği komple açık olur zaten, hiç melek heykeli, tablosu görmedin mi?"

Esprimin ardından yüzünde en ufak bir gülümseme emaresi görmedim. Bir kez daha anlamıştım; nezaket zihinsel kapasiteyle ilgili değil, o kapasiteyi kullanma kapasitesiyle ilgiliydi. Beyin cerrahı Şahin'in duygusal haznesi belli ki dardı. Olayı şakaya vurup geçiştirmeye çalışmamsa, bana göre duygusal zekâ puanı yüksek bir davranıştı. Diğer seçenek "Ağzından çıkanı kulağın duyuyor mu?" diyerek orayı derhal terk etmekti. Yapmadım. İşin içinde yakın arkadaşlar vardı, onlara ayıp olurdu.

Şahin aynı memnuniyetsiz ifadeyle kafasını masayı çevirdi: "Neyse. Oturalım."

Neyse mi? Derin bir nefes alıp her şey TRT1 haberlerindeki gibi güllük gülistanlıkmış gibi davranmaya devam ettim. *Sakin ol Zeynep. Belki adam, girişi kötü bir kitap gibidir. Belki* Madame Bovary*'nin ilk elli sayfası gibidir, sonradan açılır. Belki gelişme ve sonuç iyi olur. Şansın yaver giderse sonu* Madame Bovary*'nin sonu gibi olur: Ölür.* Her zamanki gibi mizaha sığınarak hayatta kalmaya çabalıyordum.

Gecenin devamında ölüm gibi bir şey oldu ama kimse ölmedi. Açık göbeğime ve yırtık kotuma "rağmen" düzgün bir insan olduğumu idrak ettikten sonra meymenetsiz surat ifadesi değişmişti. Gözleri parlamaya başlamış, konuşurken öne doğru eğilip yakınlaşma çabalarına girişmişti. Benim için değişen bir şey yoktu. Giriş cümlesi önemlidir. Kitaplarda da, insanlarda da. *O ilk cümleyi kurmayacaktın dostum, boşuna uğraşma.*

Dudağının kenarında, fotoğrafta maskenin altında gizlenen dev bir beni vardı. Konuşurken gözüm ister istemez oraya kayıyor, muhatabım sadece dev bir benmiş gibi hissediyordum. *Beni sen şekilci yaptın Şahin. Ben derken kendimden söz ediyorum, dudağının kenarındaki benden değil. Hadsizlik etmeseydin o ben gözüme çekici bile görünebilirdi. Meğer ben, konduğu yere göre anlam kazanırmış, bunu da bana sen öğrettin.*

Okuduğum kitaplardan bahsettiğimde sıkıldığını hissettim. Fazla kitap okumadığını anlamak zor değildi. Bir ara konuşacak bir şey bulamayıp sessizce yemeklere gömüldük. Sessizlik insana çok şey anlatır. Sözcükler kenara çekildiğinde duygular çırılçıplak sahneye çıkar. Bazı sessizlik rahatlık verir, bazısı boğar. Birkaç dakikalık sessizlikten sonra boğulacak gibi hissettim. Nefes alabilmek için biraz sonra yine sözcüklere sarıldım. İçten konuşamayınca işten konuşmak en güvenlisiydi.

"Eee, beyin cerrahı olmak nasıl bir şey? İşini seviyor musun?"

Anlattıklarından işini çok da severek yapmadığı sonucu çıkıyordu. Anne babasının isteğiyle doktor olmuştu. Küçük yaştan itibaren ona bu yönde baskı yaptıkları belliydi.

"Bizimkiler bebeklikten itibaren işi sağlam tutmuşlar. Dişbuğdayı geleneğini biliyor musun? Bebeğin etrafına ayna, tarak, kitap falan bırakıyorlar. Bebek hangisine önce dokunursa ileride o mesleği seçeceğine inanıyorlar."

"Biliyorum, dünyanın birçok yerinde var o gelenek. Eğlence işte."

"Neyse, ben tam aynaya uzanacakken babam elime son anda stetoskop tutuşturmuş. 'Son anda yırttık' diye gülüşmüşler. Çok gülmüştüm anlattıklarında."

"Peki gerçekten yırtmış mısın?"

"Nasıl yani?"

"Yani bebeklik, tıp alanında uzmanlaşmayı seçmek için bayağı erken bir dönem. Senin seçimin mi bu meslek?"

Sorum keyfini kaçırmıştı. Yüzünden ciddiyetle karışık bir hüzün ifadesi geçti. Kendi yolunu aramak yerine ebeveyninin yolundan gitmek zorunda kalmış tipik bir Türk evladı olduğunu belli eden, tanıdık bir ifadeydi bu.

"Bilmem. Küçükken 'Büyüyünce ne olacaksın?' diye sorduklarında annem de, babam da 'Doktor olacak o,' derdi. Ben de biraz büyüyünce otomatik olarak aynı cevabı vermeye başladım. Başka bir şey olmayı düşünmedim. Şikâyetçi de değilim. İyi kazanıyorum. Prestijli de."

"Hiç başka bir şey olmayı hayal etmedin mi gerçekten?"

Ağzına bir iki patates kızartması atıp yağlı elini "bilmiyorum" anlamına gelen bir şekle soktu:

"Hatırlamıyorum. Sadece küçükken dedem bana pastel boyalar ve resim defteri almıştı. Bak bunu çok iyi hatırlıyorum çünkü o günden sonra deliler gibi resim yapmaya başladım. Çok zevkliydi. Renklerle oynarken her şeyi unutuyordum. Masada yemek yerken bile resim yapmak istiyordum. Babam bu durumdan hoşlanmadı. Anneme 'Ressam mı olacak bu başımıza?' dediğini hatırlıyorum sinirli sinirli. Ne acayip ya bunları hatırlamam. Boyaları falan apar topar ortadan kaldırdılar. Öyle kaldı. Yani zaten ressam olmazdım herhalde. Olsam da cerrahlıktaki gibi para kazanamazdım. Bir yerde iyi olmuş."

Bakışına hüzün karışmamış olsaydı ona inanabilirdim. Konuyu sürekli iyi kazanmaya getiriyordu. Doktor olan birinin başlıca endişesinin para olması beni rahatsız etmişti. Tanıdığım doktorların çoğunluğu mesleklerine âşıktı. Temel motivasyonları insanlar için iyi bir şey yapmaktı. Çok iyi kazanmayı sonuna kadar hak etseler de başlangıçta yola çıkış amaçları bu değildi.

Bir kere gelinen şu dünyada sırf iyi para kazandırdığı için her gün sevmediği bir işe gidip gelmek gerçek bir dram olmalıydı. İnsanın kendisine böyle eziyet etmesine bir anlam veremiyordum. Çok şaşırtıcı değildi aslında, çoğu kişi böyle yaşamıyor muydu? Çocuğunu kendi uzvu olarak gören, ayrı bir birey olduğunu kabul edemeyen, kendi hayallerini çocuğuna empoze eden narsistik ebeveynlerin sıradan bir mağduruydu o da. Kendini aramasına izin bile vermemişler, yol yakınken boyalarına el koyarak hayatının renklerini solduruvermişlerdi. Renkler tehlikeliydi. Cıvıl cıvıl renkler, insana, hayatta kendisine dayatılan siyah beyazın ötesinde sonsuz seçenek olduğunu hatırlatıyordu.

Şahin'e olan kızgınlığım geçmese de biraz daha sakinleşmiştim. Çaya batırılmış bisküvi gibiydim; yumuşamıştım ama arada birkaç parça da kopmuştu içimden. Yine de ona acımamıştım. Kendi seçimini yapacak imkânlardan yoksun değildi. Ayrıcalıklı bir ortama doğmuştu. İyi okullara gönderilmişti. Aldığı eğitimi seçimlerini sorgulamak için kullanıp hayatın dümenini bir noktada kendi eline alabilirdi. Onun sahip olduğu koşulların yüzde birine sahip olmayan nice insan vardı. Onda eksik olan şey cesaretti.

Boyaları elinden alınan masum çocuk Şahin'in yüzü suyu hürmetine dostane bir hatırlatmada bulundum:

"Hâlâ resim yapabilirsin biliyorsun. Profesyonel olarak yapmana gerek yok, zevk için çiz işte."

"Çok yoğun çalışıyorum, zor artık."

"Bence hayattan da, işinden de daha çok zevk alırsın öyle. Picasso resim yaparken saatlerce tuvalin başında dursa da hiç yorulmuyormuş. Tutkuyla çalışınca doğal olarak hem mutlu, hem başarılı oluyor insan. Belki sana da izin verselerdi bir Picasso olurdun. Picasso olmasan da mutlu olurdun."

"Yok canım, daha neler. Bence sefalet içinde ölür giderdim. Sen de amma dram yaptın, şikâyetçi değilim hayatımdan. Tutkunun peşinden git falan, bunlar içi boş kişisel gelişim lafları."

"Bence sen tutkuyu kötü kişisel gelişim kitaplarından okumuşsun. Tutku öyle çişin gelir gibi kendiliğinden gelmiyor zaten. Tutku dediğin şey merak ve ilgiyle başlar, uzun süre odaklanarak çalışınca gelir. Sırf para için çalışınca bir noktadan sonra ileri gidemiyormuş insanlar. Son derece sağlam bilimsel araştırmaları var. Boş değil yani."

Omuz silkti.

"Sen sevdiğin bölümde mi okuyorsun ki?"

O sondaki "ki" *ne ki?* "Sen de sevdiğin bölümde okumuyorsun kesin" *demek istiyor. Küçücük bir* "ki" *bağlacının içine bu kadar öğrenilmiş çaresizlik sığabilmesi ilginç. Sen çaresizlik taşımayan bir* "ki"*yle cevap ver Zeynep.*

"Tabii ki. Başka türlüsü nasıl mümkün aklım almıyor ki zaten.

"İyi, annen baban sana karışmamış."

Karıştılar ama yolumdan gitmeme engel olmadılar. Olsalardı da fark etmezdi, giderdim. Ben bireyim Şahin. Şahin bir türlü susmayan iç sesimi duysaydı çoktan kalkıp gitmişti. İyi ki ve maalesef duyamıyordu:

"Ben küçüklükten beri çok kitap okurum Şahin. Ne bulursam. Okuduklarım üzerinde düşünürüm. Belki de o yüzden hayatımın en önemli kararlarını etrafın isteğine bırakmadım, hep sorguladım içinde olduğum düzeni. Bana karışsalar bile fikrimin değişmeyeceğini anladılar, o yüzden kendi halime bıraktılar."

"'Delidir ne yapsa yeridir' diye düşündüler herhalde."

Gülerek suratıma fırlattığı cümlesiyle deli olduğumu ima etse de en ufak olumsuz tepki vermeden sakince devam ettim:

"Bana göre ömür boyu sevmediğin işi yapmak asıl delilik. İnsanlar, ayakları geri geri giderken, bir işte sabahtan akşama kadar çalışmaya nasıl razı oluyor anlamıyorum. Tabii senin gibi seçim yapma şansı olanları kastediyorum, herkes o kadar şanslı değil. Ya da ne bileyim, geçici süreyle sevmediğin bir işte çalışır para biriktirirsin, sonra kendi istediğin işe geçiş yaparsın falan. Bir yolunu bulursun. Bir ömrümüz var, onu da sevmediği bir işte geçirmemeli insan."

Patates kızartmamı çatala takıp ketçaba daldırarak devam ettim:

"Hatta bence sevmediğin işi yapmak tehlikeli olabilir. İşini yarım yamalak yapan insanlar bazen hayatlara mal olabilir. Sen elin işte gözün oynaşta ameliyat yapsan birilerini beyninden edebilirsin mesela."

"İyi de takım halinde çalışıyoruz, abartıyorsun."

"Takım, en zayıf halkası kadar güçlüdür. Ayrıca her şey takım işi değil. Geçenlerde bir psikoloğa gittim, kadın karşımda sıkıntıdan bayılmak üzereydi. O zaman psikolog olma yani, değil mi? Her şeyi geçtim, sevdiğin işte olmak daha tatmin edici değil mi? Ne yaptığın da önemli değil. İster çömlek yap, ister yemek yap, ister ameliyat yap. Ben de kadınlar için bir şeyleri değiştirme fikrinden inanılmaz heyecan duyuyorum."

Bir şey söylemedi. Etkilenmiş görünmüyordu. Derin konuşmalarımı bir kenara bırakıp daha sıradan konulara geçiş yapmaya karar verdim.

"Bu arada merak ettim, kaç kadın beyin cerrahı var sizin hastanede?"

"Yok tabii ki."

"Ki" *bağlacıyla hastalıklı ilişkini gözden geçirmemiz gerek Şahin.*

"'Tabii ki' ne demek?"

Alaycı bir ifadeyle sırıttı:

"Beyin cerrahı olmak çok zor iş. Fiziksel dayanıklılık gerektiriyor. İşin içinde olmadığın için bilmiyorsun."

Zaten ilk cümlesinden kendini belli etmemiş miydi? "Bana senin melek olduğunu söylemişlerdi." Düşününce birden yine kan beynime sıçradı.

"Beyin cerrahı olmak öncelikle bir beyin gerektiriyor. O beyin de kadınlarda fazlasıyla mevcut."

Üstelik ben sana bir saattir fiziksel, zihinsel, psikolojik olarak dayanıyorum. Teorinin çürük olduğunu buradan anlayabilirsin. İç konuşmamla sakinleşen ağzım, öfkesizce devam etmeyi başarabildi:

"'Kadınlar şu olamaz bu olamaz' klişeleri gerçeği yansıtmıyor. Kadınlar da, erkekler de istedikleri her şey olabilirler. Üstelik 'Kadınlar yapamaz' klişelerinden en çok küçük kız çocukları zarar görüyor. Bu cümlelere inanıp stereotip tehdidi altında eziliyorlar."

"O ne demek ya? Ne acayip kelimeler biliyorsun."

Kitap okuyorum Şahin, tavsiye ederim.

"'Kızlar fen, matematik yapamaz', 'Kızlar beyin cerrahı olamaz çünkü dayanıksızlar' gibi klişeler işte. İşin kötüsü, bir süre sonra bu kendini gerçekleştiren kehanete dönüşüyor. Özetle kız çocukları bu yalanlara inanıyor. Oğlan çocukları da inanıyor. İnandıkları düşünce zamanla gerçeğe dönüşüyor. İşin daha da kötüsü, dünyanın her yerinde bu böyle. Döngü bu şekilde sürüp gidiyor."

"Ee?"

"Eesi, bazı klişeler hayatları mahveder. O yüzden 'Tabii ki kadın cerrah yok' falan derken dikkat etmelisin. Adaletsizliğe ortak oluyorsun."

Bana göre son derece etkileyici olan tiradımı fazla umursamış görünmüyordu. Dinlermiş gibi yapıp dinlemediğine emindim. Yine de zihnindeki bir çatlaktan içeriye ışık sızması için bana bahşedilen bu şansı kaçırmak istememiştim. Umut hep vardı. Umut, beyninden içeriye ışık sızan bir Şahin'di.

"Sen biraz farklısın tanıdığım kızlardan."

"Ne anlamda?"

"Ne bileyim, çoğu kız evlilik peşinde. Benim tanıştıklarım hep öyleydi yani. Maddi manevi güvence, çocuk falan istiyorlar. Sen böyle kendi başına iyi gibisin."

"Herkesin tercihi farklıdır, saygı duymak gerek. Ama ben böyle gayet iyiyim, evet."

"Evlenmeyi düşünmüyor musun?"

"Zorunluluk değil."

"Ben de evliliğin eşiğinden döndüm. Birkaç yıldır bir kızla nişanlıydım ama birkaç ay önce ayrıldık. Hem de çok saçma bir sebepten ayrıldık. Anlatsam inanamazsın."

Çok önemli bir açıklama yapacakmış gibi dirseklerini masaya yaslayıp öne doğru eğildi:

"Yılbaşından birkaç gün önce buluştuk. Buluşmadan iki gün önce fena kavga etmiştik. Zaten bir küs bir barışıktık. Neyse, sonunda barıştık yine. Yemek falan yedik, her şey iyi güzel. Restoran çıkışında yolda el ele yürürken, 'Sen bana niye hiç aşk şiiri yazmadın Şahin?' dedi. Hobaaaa. Aşk şiiri diye tutturdu. Sanki herkes aşk şiiri yazıyor sevgilisine, sen sevgilin var diye şükret. Hem ben cerrah adamım, ne anlarım şiirden miirden. Neyse ki espri yeteneğim fena değil, akşam oturup buna acayip komik bir şiir yazdım."

"Buna." *Şahince dilinde bir sevgi sözcüğü.*

"Okuyayım mı sana, telefonumda kayıtlı."

Cevap vermemi beklemeden heyecanla telefonunu açıp şiiri bana doğru tuttu:

"Al sen oku buradan."

Yağlı elleriyle uzattığı telefonu sol elimin baş ve işaretparmağı arasında tutarak, şiir dediği tek dörtlüğü içimden okumaya başladım:

Bir yâr sevdim yüzü botoks
Silikonlu Samantha Fox
Güzelliğin on par'etmez
Değilse yâr için detoks.

İnanmak, görmektir derler. Yıllar önce bunu renkli televizyon ilk kez ülkeye geldiğinde deneyimlemiştim. Önce renkli televizyon denen cihazın satın alınması gerektiğini bilmediğimden, bizim evdeki siyah beyaz televizyona her baktığımda yeni renkler keşfediyordum. Şarkıcının elbisesini kırmızı, sunucunun papyonunu mavi, filmdeki aktörün gözlerini yeşil görüyordum. Eve gerçek renkli televizyon geldiğinde aslında bütün bunları kafamdan uydurmuş olduğumu anlayıp büyük bir şaşkınlık yaşamıştım. İnsan neye inanıyorsa onu görüyordu.

Oysa az önce okuduğum dörtlüğün gerçek olduğuna inanma konusundaki tüm girişimlerim boşa çıkıyordu. Birkaç kez okudum. Yok, aklım bir türlü almıyordu. Şahin, sırf komiklik ve kafiye olsun diye yazıldığı belli olan bu dört satır için övgü beklercesine bakıyordu yüzüme.

"Beğendin mi?"

Senin içinde bir şair yaşıyor Şahin. Umarım dışarı hiç çıkmadan içinde yaşamaya devam eder.

"Çılgınsın!"

"Geri zekâlı mısın?" demek yerine çılgınlık üzerinden ilerlemeyi tercih etmiştim. Çoğu insan akıldan yoksun olmayı zekâdan yoksun olmaya tercih ediyordu ne de olsa. Yine de sesimdeki ve tavrımdaki memnuniyetsizlik, gerçek duygularımı ele veriyordu. Etkilenmediğimi anlayınca bozulmuştu. O garabetten etkilenmemi beklemesi kendi içinde yeterince can sıkıcıydı.

"İyi değil mi sence?"

"İyisini kötüsünü bilmem de bu bir aşk şiiri değil, o kesin. 'Bir yâr sevdim' diye iyi başlamışsın, sonrasında tuhaf bir şeyler olmuş."

"Bence esprili."

"İyi de kız senin espri yeteneğini değil ona olan duygularını merak ediyor. Bu şiirden sonra ne olduğunu tahmin etmek zor değil."

"Çok sinirlendi. Bana 'öküz' diye bağırıp ağlamaya başladı. O gün ayrıldık. Ayıp etti bence."

Bir şey söylemedim. Kendisine bu kadar kör olması üzücüydü. İte kaka yemeğin sonunu bulduk. İşkencenin sona ermesine az kalınca enerjim de yerine gelmişti. Garsondan klasik el hareketiyle hesabı istedi. Paylaşmak için cüzdanımı çıkardığımda beklediğim son darbe geldi. Elini, kafasını ve kaşlarını "olmaz" imasıyla aynı anda havaya kaldırdı:

"Dur bakalım, o kadar da uzun boylu değil."

Biraz sonra oradan kurtulacağım düşüncesiyle mübarek çenemi tuttum. Olayı büyütmeden yine şakaya vurarak durumun saçmalığından sıyrılmayı başardım:

"Hayatta olmaz. Bölüşeceğiz. Giderayak elimi kana bulama bak!"

Ona en ufak bir borç içinde olmak istemiyordum. Neyse ki fazla ısrar etmedi. Hesabı bölüşüp çıktık. Açık havaya çıkmak, yüzümde yaz akşamının ılık esintisini hissetmek bir nebze ferahlatmıştı. Hoşlanmadığın bir insanla geçen eziyet dolu iki saat insana iki yıl gibi geliyordu. Bir kez daha Einstein'ı saygıyla andım.

Metroya doğru yürürken yolumuza çıkan kitapçıya girdik. Kitap görmek acı bir olayın ardından eski bir dosta sarılmak gibi iyi hissettirmişti. Şahin bana *DNA Sarmalı* diye bir kitap hediye etme konusunda ısrar etti. Her ne kadar empatiden yoksun bir hediye olsa da akşam boyunca yaptığı en akıllıca hareket buydu. Romantik bir şey almaya kalksaydı çileden çıkardım. Altta kalmamak için ben de ona Csíkszentmihályi'nin *Akış* kitabını aldım.

"Nasıl okunuyor bu adamın ismi?"

"'Çiksenmihay.' Bir gün akış alanını bulmanı dilerim. Bulmuşsun gerçi, resim yapmaya bir kez daha şans vermelisin. Ne demek istediğimi okuyunca anlarsın."

"Akış. Okuyalım bakalım. Hafta sonu partilere akalım mı? Ne dersin?"

Akış ve *partiye akmak. Botoks-detoks şiirselliğinde, zengin kafiye ustası Şahin'den beklenecek zengin espriler.* "Maalesef" anlamına gelen bir ifadeyle, "Teşekkürler ama çalışmam lazım," dedim.

"O zaman suşi için buluşalım. Çok güzel Japon restoranı var benim orada."

Boşuna uğraşma Şahin. O ilk cümleyi kurmayacaktın. Sonrasındaki performansın da tam bir hayal kırıklığıydı. "Değilse yâr için detoks" *ne demek ya? Allahım lütfen bu dörtlük zihnime yapışmasın, lütfen.*

"Çok sınavım var, gerçekten."

"Yunus gösterisine de gidebiliriz istersen bir ara."

Şahin hayırdan anlamadığı gibi, her yeni cümlesiyle el yükseltiyordu.

"Hiç istemem. Biliyor muydun, yunuslar da memeli. Anneler yavrularını sütle besliyormuş, aynı bizim gibi."

"Yani?"

"Yani ben yunus gösterilerinin vahşice olduğunu düşünüyorum. Aslında memeli olmasalar ne yazar, hayvanları bu şekilde eğlence malzemesi yapmaya hakkımız yok. İnsan türü olarak onlara bir üstünlüğümüz yok çünkü."

"Hayvanat bahçesine gitmeye de mi karşısın?"

Tekrar buluşmayı reddetmekle ne kadar doğru bir karar verdiğimi ertesi gün attığı mesajdan sonra iyice anladım:

"Suşi konusunda eminmisin? Şehirde ki en iyisi. Kesin seversin."

Direkten dönmüşsün Zeynep, seni göbeği açık melekler korumuş. Adam daha Türkçe yazım kurallarından bihaber. Oradaki ki'yi şehirden niye ayırdın ki? Niye yerinden yurdundan ettin ki? Daha da önemlisi, sen o okullardan nasıl mezun oldun ki Şahin? Senin gittiğin okullara gitme şansından yoksun binlerce, milyonlarca insanın bu hataları yapmaya hakkı var ama senin hakkın yok.

Bunları yazsam konu özünden sapacaktı. Sorunun özünde, ayrı dünyaların insanı olmamız gerçeği yatıyordu. İyi bir insan bile olabilirdi, buna tek buluşmayla karar vermek adil olmazdı. Ancak ömrümü kapalı bir zihin ve bitişik yazılmış bağlaçların sinir bozukluğuyla tüketemezdim. Beyin cerrahı diploması alabilmiş birinin baştan sona yazım hatasıyla dolu mesajının bana verdiği yetkiye dayanarak onu hayatımdan iki cümleyle gönderdim:

"Yanlış anlamazsan bir daha görüşmek istemiyorum. Sorun sende değil, bende."

İkinci cümledeki ben, suratındaki bene işaret ediyordu. Neyse ki o bunu anlamayacak kadar kendi dilinin kurallarından bihaberdi.

Hayatım boyunca kaçtığım zihniyetin gurbet ellerde kucağına düşmek trajikomikti. Şahin ülkesinin dışına çıkabilmişti ama ona dayatılan kültürel kodların dışına bir adım dahi atamamıştı. İnsanın fiziksel coğrafyası neresi olursa olsun, iş zihinsel coğrafyada bitiyordu. Coğrafya, zihindir.

Şahin, "sorun bende" temalı mesajımın ardından son darbeyi vurdu:

"Sen bilirsin. Ayrıca yunuslar memeli falan dedin ama restoranda bifteği götürdün. O kadar duyarlı olsan et yemezdin."

Cevap yüzüme tokat gibi inmişti. Aslında küçükken et yemeyi bırakmak istemiştim. Yedi yaşımdayken kurban bayramı için satın alınan koyunla dostluk kurmuş, onunla oyunlar oynamış, sonra o gün gelip çattığında gözümün önünde kellesinin satırla kesildiğine şahit olmuş, her yerinden kanlar fışkıran koyunumun ardından hüngür hüngür ağlamış, oyun arkadaşım önüme pişmiş et olarak konulduğunda da gözyaşları içinde tuvalete koşup kusmuştum. O günden sonra ağzıma et koymak istemesem de büyümem için bunun gerekli olduğu, reddetmek gibi bir şansım olmadığı açıkça belirtilmiş, her türlü et zorla boğazımdan aşağı gönderilmişti. Üniversitede vejetaryenliğe geçmeyi tekrar denemiş ama başaramamıştım. Şahin eleştirisinde sonuna kadar haklıydı.

Ben de çoğu insan gibi kendi ikiyüzlülüğüne ve vicdansızlıklarına kör, başkalarını düşüncesizce eleştiren bir ahlak kumkumasıydım.

Sorun bendeydi.

Aşk, hiç tükenmeyecek birini bulmaktır.

Iris Murdoch

Hayatta aklımın asla almadığı birkaç şey vardı. Bunlardan biri Adnan Hoca denen şahıstı. Akli dengesi bozuk şarlatanın teki olduğu her halinden belli bir adam, nasıl yıllarca televizyonda kendisine "inşallah maşallah" diye övgüler yağdıran "kedicik" lakaplı kadınlarla boy göstermişti? Bu akıldışı manzara karşısında her seferinde "n'oluyo yaa" derken, kimsenin meseleyi benim kadar sorun etmemesini aklım almıyordu.

İkincisi, yıllar önce izlediğim bir Miss World yarışmasında Gana güzelinin göbekli olmasıydı. Çok mutlu olmuştum çünkü bence de güzellik kapitalist kalıplara sığmamalıydı. Kafayı manyakça zayıflığa takmış bu dünyada bu kız göbeğiyle nasıl o aşamaya kadar gelebilmişti? Başka bir dünya mümkün müydü?

Anlayamadığım şeylerden üçüncüsü ve en tuhafı da, erkek ve kadının eşit işe eşit ücret almamasıydı. Bu nasıl bir dünyaydı? En çok burada takılıyordum. Kadına eşit davranmayan patronlar küçük kızlarının yüzüne bakmaya nasıl devam edebiliyordu? Bakarken hiç mi utanmıyorlardı?

Aklımın almadıkları serisine yeni bir madde daha eklenmişti: Arkadaşlarım neden Şahin gibi biriyle aramı yapmaya çalışmışlardı? Birbirimize hiç uygun değildik. Büyük olasılıkla onlar da Şahin'i kâğıt üzerinde gördükleri içindi. Bence Şahin'in ikiboyutlu versiyonu üçboyutlu halinden daha ilgi çekiciydi. Şahin, boyutları eksildikçe çoğalan bir canlı türüydü. Bir taraftan da sorun bendeydi. Çoğunluğun iç bayıcı bulduğu, sıkıcı bir bağımsız film gibiydim.

Bu talihsiz çöpçatanlık girişiminin ardından kafamı bilgisayarıma gömdüm. Deliler gibi ders çalışıyordum. Ara sıra Özgürlük Heykeli'nin karşısındaki bankıma gidip oturuyor, orada geleceğim üzerinde düşünüyor, kendi kendime verdiğim sözleri tazeliyordum.

Birkaç ay sonra yine pirelenen arkadaşlarım, bu sefer bana "gerçekten uygun birini" bulduklarında ısrar ediyorlardı. Yeni kısmetim İsveçli bir çocuktu. "Türk'e Türk'ten başka dost yok" milliyetçiliğinden kurtulmuş görünüyorlardı. Sonunda anlamışlardı: Mesele milliyet değil, zihniyet meselesiydi. Zihniyetin milliyeti yoktu.

Böylelikle "Huzur İsveç'tedir" temennisiyle sarışın, soluk benizli, selvi boylu, al yazmasız Börje'yle tanıştırıldım. Boyu neredeyse iki metre olduğundan kendimi devler ülkesindeki Gulliver'le birlikte gibi hissediyordum. *Kader, bu sefer yüzüme Gülüver.* Bu espriyi Börje'ye yapsam anlamazdı. Sevgi anlaşmak değildi, nedensiz de sevilirdi.

Börje iyi bir insandı. İsveç'in tüm soğuğunu surat ifadesine taşımış görünse de medeni tavırları ısıyı dengeliyordu. Yemek yediğimizde hesabı Alman usulü paylaşarak ödüyorduk. Geç saatlere kadar çalışmamı, hayatla ilgili hedeflerim olmasını, kadın erkek eşitliği konusundaki görüşlerimi takdir ediyordu.

Öte yandan arkadaşlığımız teknik puanları yüksek, artistik puanları düşük bir buz pateni gösterisi gibiydi. Ben Zeki Müren'den gözlerim dolu dolu *Şimdi Uzaklardasın*'ı dinlerken, Börje'nin bana boş gözlerle bakması moralimi bozuyordu. *Kum Gibi*'yi çalmaya ödüm kopuyordu, zira o şarkıda da aynı duygusuz tavrı görmek kırmızı çizgimdi. Birkaç kez şarkı sözlerini İngilizceye çevirmeye çalışsam da anlamamıştı. Üstelik her seferinde açıklama yapmaya çalışmak oldukça yorucuydu.

Hayat planımda evlenmek olmasa da bazen onunla hayatımı birleştirmeyi seçersem yaşanacakları düşünüp eğleniyordum. "Oğlumuz Börje ile kızımız Zeynep'in nikâh törenlerinde" şeklinde davetiye giden akrabaları hayal ediyordum.

"Hanım bak, Zeynep evleniyormuş, davetiye geldi. Börülce diye bir çocukla. Hayırlı bir kısmettir inşallah."

"Ayyy aman, o kız börülce, fasulye, ne bulursa razı olsun Nurettin, evde kalmadığına şükretsin o ukala halleriyle."

Börje kendi ailesinden her söz ettiğinde IKEA kataloğundan isim okuyormuş gibi hissediyordum. "Abim Niklas, yeğenim Hannes, kuzenim Ebba" diye anlatırken zihnimde uzuvları demonte halde insanlar canlanıyordu.

"Hafta sonu yeğenim Hannes geliyor."

İnşallah tek parça halinde burada olur. Olmazsa da birleştiririz. İçimden yaptığım bu espriler dozu aşınca iç sesimle yüzleşmemem gerektiğini fark ettim. Biriyle içten içe bu kadar dalga geçmek bir şeylerin yanlış olduğuna delaletti. Nitekim Börje'yle de yürümedi. Ayrı dünyalarımızı bir türlü birbirine monte edemedik.

Hüsranla sonuçlanan bu ilişki sayesinde bir farkındalık katmanına daha ulaşmıştım. Ne kadar uzağa gidersen git, köklerin de seninle birlikteydi. Arada görünmez, upuzun bir göbek bağı vardı. Velhasıl ne Doğu, ne Batı yakası bana merhemdi; iki yakayı bir türlü bir araya getiremiyordum. Türkler anneannem kılıklıydı, yabancılar da ruh engeline takılıyordu. Hem açık fikirli olup hem zevklerimi paylaşacak, yılları durduracak, güneşi doğduracak, dünyamı dolduracak bir sevgi istiyordum.

Aslında mesele tam olarak bu da değildi. İşin, her seferinde hüsranla sonlanmasının kökeninde yatan sebep başkaydı. Hayatımda biri olması gerektiği fikrini zihnime eken, aşk tümörü tüm benliklerine metastaz yapmış olan sevgili arkadaşlarımdı. Hayata onların "mutlaka hayatında biri olmalı" penceresinden bakmak başlı başına bir hataydı. Kendimi var etmek için başka birinin varlığına ihtiyacım yoktu ki. Kendi kendime tam olabilirken, onlar bana yarımlığı empoze etmeye çalışıyorlardı. Hayatı taşımak için başkalarının ayaklarına ihtiyaç duymamalıydım. Bir an önce mezun olup kendi ayaklarım üzerinde durabilmeliydim. Buraya gelme sebebim bu değil miydi zaten? Tezim tez zamanda bitmeliydi.

Börje dosyası da kapandıktan sonra uzunca süre kimselerle görüşmedim. Bazen çalışmaktan sabahladığım oluyordu. Kışları buz gibi olan bilgisayar salonunda, üzerimde kat kat giysilerle ısınmaya çalışarak ha bire ödev yazıp duruyordum. Klavye başında özgürlüğüme giden yolun taşlarını döşemekle meşguldüm. Tüm yorgunluğuma ve dışlanmışlığıma rağmen halime şükrediyordum. Dünyanın en iyi üniversitelerinden birinde burslu okuyordum. Kadınların üniversiteye kabul edilmediği talihsiz zamanlara da denk gelebilirdim. O zaman doğsaydım, hayatımı Şahin ve ailesine mantı açarak geçirebilirdim. Hayallerimi gerçekleştirmem için her türlü imkân ayaklarımın altına serilmişken aşk maşk neyimeydi? Yok, üç harflilerden uzak durmalıydım.

Aşk, midende kelebek olarak başlayıp bulantı olarak son buluyordu.

Aşk, aşırı hormon salgısının yol açtığı geçici körlük haliydi. Dopaminle başlayıp oksitosin, vazopressin ve zamanla "allahsenikahretsin"e dönüşen bir hormon seliydi.

Aşk, en etkili kusur kapatıcıydı. Dünyayı güzelleştirmiyor, çirkinlikleri silikleştiriyordu. Pis kokuların, kirli havanın, kaba insanların, ruhsuz mekânların, yoksul ve sevgisiz bırakılmış çocukların üzerini geçici bir süreyle pespembe bir tozla kaplıyordu.

New York'taki ilk haftamda 5. Caddede Dustin Hoffman'ı görmüştüm. İkinci hafta Central Park'ta Michael Douglas'la Catherine Zeta Jones bebeklerini gezdiriyorlardı. Üçüncü hafta için beklentim iyice yükselmişti. Oysa üçüncü hafta ve sonrası sıkıcı bir sıradanlıkta seyretmişti.

Aşk ilişkilerinin başları da sokakta üst üste bu pırıltılı isimleri görmek gibiydi. İnsan her şeyin böyle muhteşem bir tempoyla devam edeceğini sanıyor, sonra avcunu yalıyordu. Kahve de, aşk da dumanı üstündeyken güzeldi.

Aşk, disiplinli ve mantıklı çalışma düzenini bir anda altüst eden sinsi bir diploma düşmanıydı.

Aşk yaşayacaksam kitaplarımla aşk yaşamalıydım, hayallerimle aşk yaşamalıydım, kendimi gerçekleştirme fikriyle aşk yaşamalıydım.

Oysa hayat denen şey "–meli, –malı" kalıbına sığdırılamayacak kadar başına buyruktu. Benim için her sabah rotayı yeniden oluşturuyor, bense naif bir biçimde hayata kendi ellerimle yön verdiğimi düşünüyordum. Ben kendimce planlar yaparken o da benim için kendi planlarını yapıyordu.

İnatla inkâr ettiğim aşk, az ileride bıyık altından gülerek beni bekliyordu.

***

New York'ta burslu öğrenci olmanın birçok avantajı vardı. Her türlü kültürel faaliyete ücretsiz girebiliyordum. Tiyatrolar, konserler, sergiler sadece bir öğrenci kimliğine bakıyordu. Buralara girme hakkını kazanmış olmaktan, tek başıma hareket etmekten, kendi seçtiğim zamanlarda yalnız olabilmekten haz duyuyordum. Mis gibi yalnızlık, "mış" gibi ilişkilere yeğdi.

Bir gün burs kurumundan opera davetiyesi geldi. Hayatımda ilk kez operaya gidecek olmanın heyecanıyla dolmuştum. Muazzam Metropolitan Operasında Rossini'nin *Sevil Berberi* sahnelenecekti. Davetiyeyi açtığımda ilk aklıma gelen bizim mahalledeki kuaför Sevil Abla olmuştu. Kuafördeki bir dergide *Sevil Berberi*'yle ilgili bir yazı okumuş, ona kendi adıyla aynı bir opera olduğunu müjdelemiştim. "Ayol dalga geçme benimle, Türkçe kadın adıyla opera mı olur," demiş, inanmamıştı. Seville'in bir İspanyol kenti olduğunu, okunuşunun Sevil olduğunu anlatınca ikna olmuş, bu havalı sesteşlik hoşuna gitmişti.

Opera konusunda ben de en az onun kadar cahildim. *Sevil Berberi*'ni sadece okuduğum kadarıyla biliyordum. Okumak ve bilmek aynı şey değildi. İlk kez operanın havasını soluyacak, kokusunu alacaktım. İnsan bir yerin havasını solumadıktan, kokusunu almadıktan sonra istediği kadar okusun, "biliyorum" dememeliydi. Yine de kitapların hakkını yiyemezdim, bana opera özlemini aşılayan onlardı. Bir gün opera izleme arzusunu içime onlar ekmişti. Evimin, mahallemin, ülkemin ötesinde var olan güzellikleri bana fark ettirmek için kolumu nazikçe dürten ince ruhlu arkadaşlardı onlar.

Opera binasının önüne geldiğimde mimarinin ihtişamı karşısında büyülenmiştim. Yağmura rağmen epey kalabalık vardı. İçeri alınmayı beklerken etrafta sohbet eden insanları inceliyordum. Hepsi çok şıktı. Bazı kadınlar baloya gider gibi uzun tuvaletler giymişti. O güne dek operaya gitmenin bir adabı olduğunu bilmiyordum. Kendi üstümdeki kıyafete baktım. Kot, beyaz boğazlı kazak ve üzerinde okulun adı yazılı kapüşonlu lacivert süveterimle operadan çok Silikon Vadisi'nde teknoloji lansmanına gider gibiydim. Üstelik botlarım da iyice eskimiş, burunları soyulmuştu. Bursum sadece temel ihtiyaçlarımı karşılamaya yetiyor, üstüme başıma yeni bir şeyler alırken kırk kere düşünmem gerekiyor, elime azıcık para kalırsa da kitaba yatırıyordum.

New York'a geldiğimden beri ilk kez kılığımdan utanmıştım. Operadaki şık atmosferle belirgin bir zıtlık içindeydim. Elimdeki şemsiyenin ucuyla botun soyulmuş burnunu kapatmaya çalışsam da şemsiye sadece tek tarafı kapatmaya yetiyordu. Sağ ayağımın soyulmuş burnunu sol ayağımın topuğuna dayayarak saklamayı denerken, "Buraya bileğinin hakkıyla girdin" düşüncesiyle bir yandan da sırtımı sıvazlıyordum. Muhtemelen oradaki insanların hem beyni hem de parası vardı.

Neyse ki herkes kendi halindeydi, kıyafetimden dolayı bana küçümseyici bakışlar fırlatan kimse yoktu. Etraf tarafından yargılanma beklentimin kaynağında öğrenilmiş çaresizlik psikolojisi yatıyordu. İstanbul'dayken gezme tozmada sıradan bir kıyafetle boy göstermek, zorbalığa davetiye çıkarmaktı. Buna defalarca şahit olmuştum. Ortamın şatafatına ters düşen bir sadelikle arzı endam edersen anında alaycı bakışların hedefi olur, kötü kalpli kız kardeşlerinin gazabına uğrayan Külkedisi'ne dönerdin. Ama ben bu kadar şaşaanın görgüsüzlük emaresi olduğunu düşündüğümden umursamazdım.

Halbuki bu sefer kimsenin umurunda değildim. Burnu soyulmuş botlarıma rağmen şıklığın göbeğinde fark edilmemek gelişmişliğin zirvesi olmalıydı.

"Bence kimse bakmıyor, boşuna saklamaya uğraşıyorsun."

Ses yukarıdan bir yerden gelmişti. Etrafta her şeyin farkında bir Türk olabileceğini hesaba katmamıştım. Bileğime asılı, üzerinde bir Türk markasının yazılı olduğu poşet milliyetimi ele vermiş olmalıydı. Kafamı kaldırdığımda, yakasını yukarı kıvırdığı kot ceketi ve kocaman ela gözleriyle karşımda Şeker Kız Candy'deki Terry'nin vücut bulmuş hali duruyordu. Pantolonunun paçasını yukarı çekip gülerek çoraplarını gösterdi.

"Sana daha iyi hissettirecekse çoraplarıma bakabilirsin. Gece karanlıkta yürümek zorunda kalırsam fener niyetine kullanabilirim."

Siyah mokasen ayakkabılarının içine giydiği beyaz havlu çorapları gerçekten gülünç görünüyordu.

"Bütün çoraplarım kirliydi, mecburen bunları giydim. Dış görünüm burada bir şey ifade etmiyor, kimsenin umurunda olduğumuzu sanmıyorum. Ben Can bu arada."

Elini uzattı.

"Zeynep."

"Memnun oldum."

Kafamı "ben de" anlamında salladım.

"Öğrenci misin?"

"Evet, Barnard'da, Kadın Araştırmaları Bölümünde. Sen?"

"Ah, aynı okuldanmışız. Sadece sokağın karşısındasın. Ben de Columbia'dayım, bilgisayar mühendisliği."

Havadan sudan sohbet etmeye başladık. Opera saati gelmişti.

"Bugün geç oldu ama yarın akşam vaktin varsa kahve için buluşalım mı? New York'ta operaya giden iki Türk'üz, bence buluşmak için yeterli gerekçe."

"Öbür gün sınavım var ama bir kahveye yer açarım."

Ertesi akşam Broadway 83. Caddedeki Cafe Lalo'da buluşmak üzere telefon alışverişi yaptık. Mideme tuhaf bir sıcaklık yayılmıştı. Yıkanmış pantolonun cebinden kafasını uzatan tertemiz banknotun mutluluğu gibi beklenmedik, gerçek, gülümseten bir duyguydu bu.

Operanın işleyişi beni sanatçıların performansından daha çok etkilemişti. İlk yarı boyunca hiçbir şey anlamamış, herkesin nasıl İtalyanca bildiğine şaşakalmıştım. Küçücük çocuklar bile İtalyanca espriler karşısında kahkahalar atıyorlardı. "Acaba New York'taki İtalyan mahallesi toplu bilet mi aldı?" diye düşünmüştüm önce. İnsan beyni bilinmezliğin boşluğunu anında önyargılarla, ucuz bir dizi senaryosu kalitesizliğinde yalanlarla dolduruyordu.

Koltukların arkasından İngilizce altyazı geçtiğini fark ettiğimde operanın sonu yaklaşmıştı. Muamma çözülmüştü. Kendimi hiç bu kadar aptal hissetmemiştim. Ayakkabılarının burnu soyulmuş, beyninin bağlantıları gevşemiş, rüküş, yoksul, inek öğrenci... Tek tesellim ertesi gün beyaz çoraplı prensle buluşacak olmamdı.

***

Sözleştiğimiz gibi ertesi akşam sekiz buçukta buluştuk. Buluşma yerine benden önce gelmişti. Cafe Lalo'yu ilk kez *You've Got Mail* filminde görmüştüm. Filmdeki baş oğlanla baş kız ilk kez bu kafede buluşuyordu. Sırtı kalp şeklinde, bordo deri sandalyeleri olan çok sevimli bir mekândı. Pencerenin önündeki ağacın gövdesini saran minik LED ışıklar, ortamın şirinliğini ikiye katlıyordu.

Üzerimde yırtık kotum ve beli açık bluzum olmasına karşın Can'dan meleklik statümle ilgili herhangi bir yorum gelmemişti. Şahin'e tepem atmasaydı, böyle bir buluşma asla gerçekleşmeyebilirdi. Yaşadığın anda sinirini altüst eden olaylara sonradan "verilmiş sadakam varmış" diyerek bin kez şükretmek, hayatın en kadim ters köşelerindendi.

"Can ismi stratejik bir seçim mi? 'Oğlumuz ileride yurtdışında okur belki, John'a benzer bir isim koyalım' tipi Can mı?"

"Yok canım, nerede bizimkilerde o vizyon. Anneme kalsa dizinin dibinden ayrılmamamı tercih ederdi. İngilizce bilse buraya gelmememi garanti edecek bir isim seçerdi. Hurşit falan mesela. 'What's your name?' 'Hurşit.' 'Excuse me, Did you say her shit?' Hiç şansım olmazdı burada."

Gülmekten karnıma ağrılar girmişti. Sakin, sempatik, nazik biriydi. Sohbet zorlanmadan akıyordu. Uzun zamandır kendimi bu kadar iyi ve rahat hissetmemiştim.

"Burcun ne?"

Oh shit. Hoşça kal Hurşit. Kısa ama güzel bir ilişkimiz oldu.

Her şey harika giderken gelen bu beklenmedik soruyla yıkılmıştım. Burçlar da, astroloji de zerre kadar ilgimi çekmiyordu.

"Yengeç. Duygusal olmak dışında pek bir özelliğini taşıdığımı sanmıyorum. Çok da ilgilenmiyorum. Niye sordun?"

"Ne zaman bir kızla tanışsam bana bu soruyu soruyor. Burçlardan anladığım falan yok aslında. Senin de ilgilenmemene sevindim açıkçası."

Gidişin suskun olmuştu ama dönüşün muhteşem oldu Hurşit. Heyecanla devam ettim:

"Yengeç burcu nedir ne değildir pek bilmiyorum ama keşiş yengeçlerini çok seviyorum. Çok ilginç canlılar. Deniz kabukları olmadan yaşayamıyorlar. Kabuksuz kalırlarsa ya yem oluyorlar ya da yakıcı güneş ışınları onları öldürüyor. Ama büyüyüp geliştikçe kabukları dar gelmeye başlıyor. İçleri büyürken, dışları sabit kalıyor çünkü. Yeni boyutlarına uygun daha büyük bir kabuğa yerleşmeleri gerekiyor."

"Öyle bir çocuk hikâyesi de yok muydu?"

"Var, Eric Carle'nin kitabı. Bravo ya, nereden bildin?"

"Barnes & Noble'ın çocuk kitapları bölümünde görmüştüm."

Sevgi neydi? Sevgi kitap okuyan erkekti. Sevincimi gizlemeye çalışarak keşiş yengeçlerini anlatmaya devam ettim:

"En ilginci de analiz yeteneği bence. Yeni bir kabuğu gözüne kestirdi mi, önce onu iyice ölçüp biçiyor. Bir kabuğa bir kendine bakıyor. Bu kabuk benim kalıbıma uygun mu? Çok mu büyük, çok mu küçük? Eğer büyükse açgözlülük etmiyor. Bekliyor."

"Kabuğa sığmak için kendini küçültmüyor yani. Onurlu hareket."

"Onur duygusuyla hareket ettiğini sanmasam da alınacak dersler var."

"Kabuk değiştirmek riskli iş."

"Öyle. Eski kabuğundan kurtulurken açıkta kalıp ahtapotlara yem olmak da var. Güneşin sıcağında kavrulup yok olmak da var. Değişirken ölmek de var. Ama keşiş yengeci yine de yolundan vazgeçmiyor. Karakterli vesselam."

"Sen de keşiş yengeci misin?"

"Olabilir. Ben de kabuğuma sığamadım. Beni neyin beklediğini bilmeden kalktım buralara geldim. O anlamda keşiş yengeci sayılabilirim belki."

"Hayatta risk alan insanlar konfor alanında dönüp dolaşanlardan daha hayranlık uyandırıyor bende. Burcunu soranlara 'keşiş yengeciyim' demelisin bence."

Laf lafı açıyordu. Her şeyden konuşuyorduk. Yeni tanışmış gibi değildik.

Küçükken margarin şirketleri kapı kapı dolaşıp evlere ürün numuneleri dağıtırdı. Eve getirdikleri numunenin tadı muhteşemdi. Ama anneannem bunun bir kandırmaca olduğuna emindi. "Ürünün kendisi böyle olmaz, satmak için yalandan en başta iyisini veriyorlar," derdi. Şimdi benzer bir sorgulama içindeydim. Bu çocuk gerçek miydi, yoksa henüz gerçek yüzünü göstermemiş bir numune miydi? Yoksa ben hâlâ anneannemin margarin hikâyesine mi inanıyordum? Denemeden bilemezdim.

"Çok alakasız bir şey sorabilir miyim? Bugün yazacağım bir ödev için görüş toplamam gerekli de. Sence yatağı toplamamak boşanma nedeni midir?"

Tam bir ahmaksın sen Zeynep ya. Soruya bak. Yarıl ey yer, yarıl da içine gireyim. Bak adam da gülmekten yarıldı zaten. Hep anneannemin yüzünden.

"Çok acımasızca değil mi ya? Sevgi bu kadar pamuk ipliğine bağlı değil ki. Karım yatağı toplamadım diye beni boşamaya kalksaydı kahrolurdum herhalde. Bu ne dersinin sorusu? Sizin bölümde dersler bayağı eğlenceliymiş."

Yok, kesinlikle bu bir margarin numunesiydi. Soruyu karısının değil de kendisinin yatağı toplaması olarak cevaplamasının ardından elinde okuyla ufukta meşhur Eros göründü. *Yemezler. Kışt! Hadi Eros, hadi canım, başka kapıya, yan masaya, az beriye, benden uzağa, hadi... Çok çalışmam lazım. Sylvia'yı, Neval Teyze'yi, Duygu Asena'yı, Jo'yu, Virginia'yı hatırla Zeynep.*

Güldü.

"Evliliğe karşı mısın yoksa?"

"Yoo, nereden çıktı?"

Yalan söylerken ne kadar güzel oluyorsun Zeynep. Söylesene, "Evlilik miadı dolmuş kurumdur, insana kurulan tuzaktır, kadının kanatlarını kesip onu mutfağa tıkmak için tezgâhlanmıştır" *desene. Bu kadar mı kırılgan zemindeydi evlilikle ilgili teorilerin? Bu kadar mı içsel tutarlılıktan yoksunsun? Toparlan, kendine gel.* Toparlamaya çalıştım:

"Evlilik meraklısı değilim diyelim. İyi örnekleri çok nadir. Hele bizim ülkede gördüklerim genelde fecaat. Yine de gerçekten iyi anlaşan iki insan varsa mümkün. Mecburiyetten değil, aileler istiyor diye değil, toplum öyle buyuruyor diye değil, çocuk yapmak için değil. Sadece gerçekten iki taraf da çok istiyorsa olur. Sonrasında da değerler birliği varsa yürür. Yoksa yürümez."

O güne dek "bilmişlik" olarak nitelendirilen söylevlerimi samimi bir ilgiyle dinleyen biriyle sohbet etmek benim için yeni bir deneyimdi. Çikolatanın tadını ilk kez alan bir bebek gibi heyecandan kıpır kıpırdım. Sohbet aktıkça akıyor, düşünceler giderek güvenli anayollardan gizemli yan yollara sapıyordu. Konu kitaplara gelmişti. *Öldüm de cennetteyim zaar.* Garsona iki kahve daha sipariş ettikten sonra ona okuduğum son kitaptan söz etmeye başladım:

"Dün *Grand Central İstasyonu'nda Oturup Ağladım* diye bir kitap okudum. Yazan kadın sevgilisine ithaf etmiş kitabı. Gerçek hikâye."

"Neyle ilgili?"

"Bir gün Elizabeth, yani yazar, Londra'da bir kitapçının rafında bir şiir kitabı buluyor. George diye İngiliz bir şairin kitabı, soyadını unuttum şimdi. Şiirleri okuyunca George'a abayı yakıyor. George o sırada Japonya'da yaşıyor. Meteliksiz. Üstelik evli."

"İlişki başlayamadan sona eriyor herhalde."

"Hayır! Kadın onu ailesiyle birlikte Amerika'ya getirtiyor, inanabiliyor musun? Öyle delicesine âşık adama. Çok saçma değil mi?"

"Aşk mantıklı bir şey değil zaten. Ee, sonra ne olmuş?"

"Hiç evlenmiyorlar ama ondan tam dört çocuk yapıyor. Bu arada adamın başka kadınlar da dahil toplam on beş çocuğu oluyor. Elizabeth'i sevdiği falan da yok. Yine de kadın yıllarca ona âşık kalmış. Kitapta "Gerçek aşka inanmaktan vazgeçmeyeceğim" diye bir cümle vardı. Bana çok dokundu. Sevgiyi bulmuş ve kaybetmiş bile değil, hiç bulamamış. Kayıp yıllar."

"Sana katılmıyorum. Kayıp, bir bakış açısı. Açıda ufak bir ayarlamayla durumu kazanca çevirebilirsin. Mesela yaşadığı hüsran ona zamana dayanıklı bir kitap kazandırmış. Bak sen bile yıllar sonra o kitabı konuşuyorsun."

"Bilmiyorum. Bazen düşünüyorum, hiç sevmemek daha mı iyi acaba? Nasılsa öyle ya da böyle her aşk sona eriyor."

"'Hiç yaşamamak daha mı iyi?' gibi bir soru bu. Bir yerde okumuştum. İnsanların pişmanlıklarının çoğu başarısız olan girişimleri değil, girişimde bulunma konusundaki başarısızlıklarıymış. Yapmaya cesaret etmediğimiz ne varsa bizi hüsranla sonuçlanan girişimlerden daha çok üzüyormuş. Ölüm döşeğindeyken keşke dememek için bir miktar risk almak gerek. Bence aşk ilişkileri için de öyle."

"Sylvia Plath'ı biliyor musun?"

"Tabii. *Sırça Fanus*'un yazarı olan değil mi?"

Sylvia'yı tanıyor. Kitap ismi bile verdi. Kesin numune.

"Evet ta kendisi. O da Ted Hughes diye bir şaire âşık olmuştu. Evliliğe karşıyken gitti onunla evlendi. Sonra adam onu aldattı. Nedir bu kadınların şairlerden çektiği ya! Kadın geride iki gariban çocuk bırakıp intihar etti hem de. Bu da mı kayıp değil?"

Can kahvesinden sakince bir yudum alıp gülümsedi:

"Niye bunu ilişkisine bağlıyorsun ki? O kadın ölmeyi kafaya bir kere koyduysa Ted olmasa başka sebepten intihar ederdi. Bir de farkında mısın, verdiğin örnekler hep şair, sanatçı tayfası. Bunlar uç örnek, herkes sevdiğini kaybedecek diye bir kural yok, sevdiğini her kaybeden de intihar etmeyecek. Sanatçı hassasiyeti diye bir şey var. Sıradan insanların öyle dertleri yok. Kahvesi biraz soğuk gelse depresyona girer onlar. Onların depresyonu bize yarıyor."

"Niye?"

"Sanatçı acı çeker, sonunda ortaya beste çıkar, şiir çıkar, kitap çıkar. Sıradan insan acı çeker, sadece acıdan canı çıkar. En azından onlar acılarını işleyip güzel eserlere dönüştürmüş. Ya sen demin cesur keşiş yengecini anlatıyordun, ne oldu? Cesur yengeç aşk meselelerinde kabuğuna çekiliyor galiba."

"O başka, bu başka."

"Hayır, ikisi de aynı şey. 'Değişim risklidir, kabuk değiştirmek bazen ölümü göze almaktır' demedin mi? Sevmek de değişme riski almak. İşin içinde acı çekme ihtimali de var."

"Her merhabanın içinde bir hoşça kal gizli olması çok acıklı."

Güldü. Bozulmuştum. Bozulduğumu fark etti:

"Gücenme lütfen, söylediğin herkesin çok beğendiği ama düşününce mantıktan yoksun olan özdeyişlerden biri gibi geldi kulağıma. O mantıkla bakarsak her hoşça kalın içinde de yeni bir merhaba gizli."

Doğru söylüyordu. Güldüm:

"Mühendisim dedin, bildiğin filozof çıktın arkadaş. Mühendis/filozof. 'Mülozof.'"

Birlikte güldük. Garson kasa kapanmadan başka bir şey isteyip istemediğimizi sordu. Kafede bizden başka kimse kalmamış, temizlik başlamıştı.

"Haftaya Angelika Film Center'a *Selvi Boylum Al Yazmalım* geliyormuş. Gitmek ister misin?"

"Ciddi mi! Tabii ki isterim, bin beş yüzüncü kez de olsa izlerim o filmi. Sence Cemşit doğru seçim miydi?"

"Bilemeyiz. Son sahneden sonra neler olduğunu bilmiyoruz. Belki mutlu olmuştur, belki pişman olmuştur. Bence seçimin de ötesinde kararlar önemli zaten. Kararlar seçimlerden daha güçlü. Asya, Cemşit'te karar kıldı."

"Bu sefer sana katılmıyorum. Bence karar kılmadı, Cemşit'e razı oldu. Razı olmak karar vermekten farklı. İkisinden birine gitmek zorundaydı çünkü bir adamın desteği olmadan kendi ayakları üzerinde duramazdı. Bu bir seçim ya da karar değil, mecburiyetti."

"İlginç, hiç böyle düşünmemiştim."

"Asya'nın kaderi bu. Filmdeki Asya'nın da, coğrafya olarak Asya'nın da... Son soru. Sevmek mi, sevilmek mi daha iyi?"

Yine güldü:

"Hep ikilikler üzerinden düşündüğünün farkında mısın? Sevmek mi, hiç sevmemek mi? Sevilmek mi, sevmek mi? Eleştirmek için söylemiyorum, sadece dikkatimi çekti. Hayat o kadar siyah beyaz değil. Üstelik mühendis olarak Kartezyen düalist çerçevede düşünmesi gereken benim."

Kartezyen düalist. Anneannem olsaydı muhtemelen "Kartlaştın, dua et de istesin seni" *diye bir karşılık bulurdu. Şahin'in botoks-detoks seviyesinden yüksek felsefeye terfi etmiştim.*

"Ama sen mühendis değilsin ki, mülozofsun. Soruma bir cevap bekliyorum."

"Peki. Ne sevmek ne sevilmek; en iyisi *Sevil Berberi*. Bizi bir araya o getirdi. Gördün mü, bana sunulan iki seçeneğin ötesine geçebilecek kadar kendi ayaklarım üzerinde durabiliyorum."

"Bizi bir araya getirdi" cümlesini söylerken yüzü hafif kızarmıştı. Ne zamandır yüzü kızaran insan görmemiştim. Yüz kızarması geçmişe ait bir fizyolojik tepkiydi, artık rastlamak nadirdi. İçime nostaljik bir sıcaklık yayıldı. Birden Arı Maya'lı silgilerin, doldurma müzik kasetlerinin, tek kanallı televizyonun, teneke kutuda satılan ambalajsız bisküvilerin, Big in Japan'in olduğu zamanlara gittim.

Sevgi neydi? Sevgi, mahcup hissettiği için yüzü kızaran bir erkekti.

"Çok kral cevaptı. Tebrik ederim."

Tokalaşmak için elimi uzattım. *Elini tuttum, sıcacıktı; sanki yüreği elimdeymiş gibi.*

Teşekkürler Rossini.

Teşekkürler burnu soyulmuş botlarım.

Teşekkürler her adımı sürprizlere gebe hayat.

***

Güle oynaya metroya kadar gelmiştik. Tekrar buluşmak üzere sözleşip vedalaştık. Odama geldiğimde döngünün tamamlanması için son bir adım kalmıştı. Telefonuna mesaj attım.

"Bu akşam için teşekkür ederim. Gerçekten çok güzel vakit geçirdim."

Hemen cevap geldi. *Allahım ne olur bağlaçları ayrı yazmış olsun, lütfen...*

"Ben de öyle. Film için buluşmadan önce yemeğe de gidelim mi? Senin için de uygunsa tabii ki."

Şov mu yapıyorsun gözünü sevdiğim? "Tabii" *yazarken fakirin istediği tek i'ydi, Mevlam verdi iki i. Art arda üçlü salto yapan buz patenci misali de'leri, mi'leri, ki'leri külliyen doğru sıralamak nedir?* Gerçekten kitap okuyan biriyle karşı karşıya olduğumu teyit eden bu ayrıntıyla, yapbozun TDK parçası da mükemmelen yerine oturmuştu.

"Buluşabiliriz, benim için de uygun."

Hani bu tuzaklara düşmeyecektin Zeynep? Hani aşk meşk işleri yalandı? Neyine bu heyecan?

Aşkla ilgili mantıklı cümlelerin hepsi mantıksızdı. Aşk, aklın zıt anlamlısıydı.

İki şeyde mantık aramak hataydı: aşk ve ergenler.

Mülozof, "Bilemeyiz," *dedi.*

Bilsek hayatın tadı kalır mıydı?

Aşk hiperaktif bir çocuktur,
sakinleşmek için sevgiye ihtiyacı vardır.

Can'la hikâyemiz işte böyle başladı. Önce sadece arkadaştık. Birkaç ay içinde "arkadaş" kelimesinin önüne cinsiyetimizi belirten kelimeler eklendi. Artık benim de bir erkek arkadaşım vardı. Kız arkadaşlarımın gözünde normal bir insan statüsüne yükselmiştim. "Bilmediğimi bilmediğim şeyler olabileceği" konusunda haklılardı. Can'la birlikte olmak bana daha önce kimseyle hissetmediğim şekilde keyif veriyordu.

Hafta içi ikimiz de derslere girip çıkıyor, hafta sonu müzelere, kitapçılara, sergilere, tiyatrolara, kafelere gidiyorduk. Sohbetlerimiz her seferinde heyecanlı bir tartışma şeklinde ilerliyor, zaman zaman birbirimize fikren ters düşsek de asla saygı sınırları dışına taşmıyorduk. O da okuluna öncelik verdiği için beni hedeften şaşırtan bir ilişki değildi. Her şey olması gerektiği gibiydi. Ona her geçen gün daha da yakın hissediyordum. İlişkimiz okulun son yılına kadar güçlenerek devam etti. Okulu bitirmeye yakın, korktuğum başıma geldi.

Ilık bir yaz akşamı, Can'la Manhattan'ın göbeğindeki Bryant Park'ta açık hava sinemasına gitmiştik. New York Halk Kütüphanesinin arkasında yer alan, dört yandan gökdelenlerle çevrili bu küçük park, kışın buz pateni pistine dönüşüyor, yazın sayısız sinema ve konsere ev sahipliği yapıyordu. 1800'lerde kimliği meçhul insanların gömüldüğü bir mezarlıktı burası. Yanına su deposu inşa edilmeye karar verilince bu kullanımdan vazgeçilmişti. Bugün, kimliği meçhul binlerce insan günlük hayatın telaşından sıyrılıp nefes almak için burada bir araya geliyordu.

O akşam parkta gösterilen *When Harry Met Sally* de New York'ta geçiyordu. Türkiye'deyken New York sevdamı körükleyen bu filmi defalarca izlemiş olsam da sıkılmıyordum. Bana göre tüm zamanların en iyi romantik komedisiydi. Nispeten genç bir Billy Crystal ve dünya tatlısı bir Meg Ryan "İki arkadaştan sevgili olur mu?" sorusuna sonradan sevgili olan iki arkadaş olarak cevap arıyorlardı.

Can romantik komedi sevmese de "en sevdiğim film" olduğu gerekçesiyle onu da izlemeye ikna etmiştim. Filmden sonra parkın yakınındaki restoranlardan birine oturduk. İki öğrenci için lüks sayılabilecek bir yerdi ama Can ısrar edince onun seçimine saygı göstermiştim. Beyaz masa örtüleri, mumlar, gümüş çatal bıçaklar bende her zaman gerginlik yaratırdı. Neyse ki sohbetimizin kırmızı pötikare masa örtüsü kıvamındaki samimiyeti, ortamın abartılı şıklığını gölgede bırakıyordu.

"Tüm zamanların tartışmasız en iyi aşk filmi bence. Favori sahnen hangisiydi?"

"Tam bir kız filmiydi Zeynep, bayılacaksın dediğinde sıkıntıdan bayılacaksın demek istediğini anlamamıştım."

Güldüm.

"Ciddi misin, beğenmedin mi gerçekten?"

"Beğenmedim demek filme haksızlık olur ama tarzım değil diyelim. Neyse, birlikte savaş filmine giderek ödeşiriz. Favori sahnem yeni yıl kutlaması sahnesi bu arada."

"Off, muhteşem değil mi? Repliği ezbere biliyorum. *I came here tonight because when you realize you want to spend the rest of your life with somebody, you want the rest of your life to start as soon as possible.* 'Bu gece buraya geldim çünkü hayatının geri kalanını biriyle geçirmek istediğini fark ettiğinde, hayatının geri kalanının bir an önce başlamasını istersin.' Dünyanın en romantik sahnesi olabilir bence."

"Olabilir. Ayrıca çeviri için teşekkürler hayatım!"

Her zamanki eğlenceli, koyu muhabbetimize dalmışken garson yemekleri getirdi. Yemeğin yanında küçük, beyaz bir tabakta minik bir dilim esmer ekmek, bir de Fransızların *brioche* dedikleri çöreğimsi ekmek vardı. Can ekmeğin tadına bakmam için anlam veremediğim bir ısrar içindeydi.

"Bak buranın ekmeği çok güzel, yemezsen pişman olursun."

Brioche'u elime alıp kokladım:

"Fransız kraliçesi Marie Antoinette'le ilgili klasik hikâye var ya, 'Ekmek bulamıyorlarsa pasta yesinler' meselesi, aslında hiç öyle bir şey dememiş, biliyor musun? *Brioche* yemelerini önermiş. Tabii bu bile şehir efsanesi olabilir ama yine de halktan ne kadar kopuk olduğu belli. Bildiğin pasta gibi bir şey bu zaten, nefis görünüyor."

Ucundan ufak bir parça kopardım. Tam ağzıma atacakken içeriden başını uzatan parlak bir cisim gördüm. Ekmeğin içine gizlenmiş incecik, pırlanta taşlı bir yüzüktü bu.

"Aa! Bunun burada ne işi var?"

Yüzük elimde öylece kalakalmıştım. Can, yüzüğü parmağıma takmak üzere elimi eline aldı. Ağzımdan tek kelime çıkamıyordu. Mideme ağrı saplanmıştı. Gözlerimin içine bakarak gülümsedi:

"Benimle evlenir misin Zeynep?"

Aşkla ilgili herkesin bildiği ama kimsenin pek konuşmadığı bir gerçek vardır: Aşk bekârdır ve yalnız yaşar. Evlilik onu başka biriyle dört duvar arasına hapseder ve aşk orada nefessizlikten can çekişerek ölür.

Evlilik ne kadar kısa sürede gerçekleşirse, aşk o kadar çabuk sizlere ömürdür. Bunun nedenleri vardır. Aşkın getirdiği sürekli kalp çarpıntısıyla yaşamak zor olduğundan evlilik, aşkı sakinleştirme görevini üstlenir. Böylelikle herkes normal kalp ritminde, işine gücüne kaldığı yerden devam edebilir.

Biz zaten işimizde gücümüzdeyiz. Şimdi bu evlilik teklifi nereden çıktı? Bile bile lades demek istemiyorum. Her şey bu kadar güzel giderken neden evlenerek bu güzelliği yok edelim?

"Az kalsın yutacaktım!"

Can'ın yüzünden düşen bin parçaydı:

"Cevabın bu mu Zeynep? Bu kadar mı?"

"Yani, ben... ne diyeceğimi bilemiyorum Can. Ne olur yanlış anlama, seni çok seviyorum, hiç aklıma gelmemişti böyle bir şey olacağı, birden olunca..."

Onu hiç görmediğim kadar üzgün görünüyordu. Belli ki reddedilmeyi beklemiyordu. Bu muhteşem, melek gibi adamın teklifini hangi kadın reddederdi ki?

"Ekmek içinde yüzük çok kıro bir hareketti, kabul."

"Hayır hayatım, lütfen, mesele bu değil, sen çok tatlısın. Hatta mükemmelsin. Sorun sende değil, bende."

Sorun sende değil, bende. Klişenin dibi olan bu cümleyi bir gün bu kadar içtenlikle söyleyebileceğimi tahmin etmezdim. Bize yabancı, rahatsız edici bir sessizliğe bürünmüştük.

"İçecekler ne kadar gecikti ya. Alt tarafı bir kola istedik."

Lafı değiştirme çabalarım durumu daha da batırıyor, onu daha çok kırıyordu. Belki de gözyaşları içinde "evet" diye haykırmamı bekliyordu. Genelde böyle olmaz mıydı? Onu kırdığım için kendimden nefret ediyordum ama dürüstlüğü elden bırakmak da istemiyordum. Anı kurtarmak için "evet" deyip sonradan vazgeçmek daha büyük acımasızlık olurdu.

Konuyu her zamanki gibi kitaplara getirerek işin içinden sıyrılmaya yeltendim.

"Isadora Duncan diye bir dansçı biliyor musun? Hayatı boyunca evlenmeyeceğine dair küçükken ant içiyor. Son zamanlarına kadar gerçekten evlenmiyor da. Evlilikdışı iki çocuğu oluyor."

"Ee? Evlilikdışı çocuğun olsun istemiyorsun herhalde Zeynep. Elâlem terör örgütü seni aforoz eder."

Güldüm.

"Deli misin? Direkt evlatlıktan reddedilirim. Ama kadına helal olsun, iyi cesaret. Gerçi iki çocuğu da trafik kazasında ölmüş. Kendisi de çok trajik bir..."

Dayanamayıp sözümü kesti. Onu ilk kez bu kadar gergin görüyordum.

"Zeynep, farkında mısın, verdiğin bütün örnekler kitaplardan, trajik hayatlardan, küçükken gördüğün mutsuz evliliklerden ibaret. Kalbinin etrafına kitaplardaki karakterlerin hikâyelerinden yüksek bir duvar örmüşsün, içeriye kimsenin girmesine izin vermiyorsun. Ayrıca Isadora Duncan'ın kitabını okudum. Yine uçuk hayatlardan kendine pay çıkarmaya çalışıyorsun."

"Hiç senlik bir kitap değil ki, niye okudun?"

"Bu akşamki film de hiç benlik değildi Zeynep ama geldim. Bir insanı seviyorsan onun neyi merak ettiğini merak edersin. Onun izlediklerini izlemek istersin, okuduğu satırları okumak istersin, onu üzen ya da güldüren ne varsa bilmek istersin, onunla her şeyi paylaşmak istersin. Hayatı paylaşmak istersin. O istemese bile. Hani demin gözlerinin içi parlayarak söylediğin replik gibi, *hayatının geri kalanını biriyle geçirmek istediğini fark ettiğinde, hayatının geri kalanının bir an önce başlamasını istersin.*"

Gözlerim dolmuştu. Hayatta evlenebileceğim tek kişinin o olduğuna emindim, sadece hayatta evlenebileceğime emin değildim. Can kırgın bir tonda devam etti:

"Hikâyelerin hep kendine hizmet eden taraflarını alıp gerisini dışarıda bıraktığının farkında mısın? Sylvia evlenmiş intihar etmiş, Isadora evlenmeyi reddetmiş, Furuğ evlenince hapis hayatı yaşamış, Neval Teyze aldatılmış. Evlilikle ilgili karamsar teorilerini haklı çıkarmak için nerede trajik hikâye varsa ona tutunuyorsun."

"Ben..."

"Dur, ben de sana Kerem ile Aslı'nın trajik hikâyesini anlatayım. Kerem yıllarca her yerde Aslı'yı aramış. Sonunda kavuşmuşlar. Aslı'nın kırk düğmeli bir hırkası varmış. Kerem kızın hırkasını çözmeye çalışıp dursa da bir türlü çözemiyormuş. Bir sonraki düğmeye geçer geçmez bir önceki düğme yine ilikleniyormuş. Çok uğraşmış Kerem ama bir türlü hırkayı çıkaramamış. Bir türlü Aslı'ya dokunamamış. Bu acıyla da yanıp kül olmuş."

"Ama biz..."

"Seninle ilişkimizi her konuştuğumuzda en başa dönen Kerem gibi hissediyorum. Ne zaman 'İşte şimdi açıldı' desem, bir sonraki konuşmada kalbinin düğmeleri yine iliklenmiş oluyor. Her seferinde bir adım bile atamadığımı hissediyorum. Kendi önyargılarının farkında değilsin. İyi örneklerin hepsini kaldırıp çöpe atıyorsun. Evlenip intihar eden bir Sylvia'ya karşın mutlu olan yüz binlerce insan var. Senin annen baban, benim annem babam çok mu mutsuz evlilikler yaptı? Her aldatılan Neval Teyze'ye karşı çoluğu çocuğuyla huzurla yaşlanan kaç Neval Teyze var sence? Hem sence biz onlar gibi miyiz, o kafada mıyız? Zeynep, hayatını teoriler üzerinden yaşadığının farkında değil misin? Sırf kendini inandırdığın mutsuzluk teorileri yüzünden mutlu bir alternatifi kafadan elediğini hiç düşünmedin mi?"

"Can..."

"Kitapları neden bu kadar çok seviyorsun biliyor musun? Sana itiraz edemedikleri için. Neyin altını çizersen çiz kabullendikleri için. Kayda değer bulmadığın farklı düşünceler sana cevap verme olanağına sahip olmadığı için. Sadece kendini onaylamak için okuyorsun."

Bu doğru değildi. Yoksa doğru muydu? Üzüntüden öleceğimi hissettim.

"Tamam Can, lütfen, anladım ana fikri. Korkuyorum. Sen de bunu anla."

"Neden korkuyorsun?"

"Bitmesinden. Hep biter çünkü. Hep bir son vardır. Hikâyenin sonunda taraflardan biri ya aldatır, ya terk eder, ya pijamalarını giyip kumandayla TV karşısına çöker, ya artık seni fark etmemeye başlar ya da artık sen onu fark etmemeye başlarsın. Ben bitmesini istemiyorum, anladın mı?"

"Hikâyenin niye hep mutsuz bir sonu olması gerekiyor? Daha doğrusu niye her şeyi sadece 'son' düşüncesi üzerinden değerlendiriyorsun? İyi ya da kötü her deneyim insanı zenginleştirir, neden böyle bakamıyorsun? Sen değil misin sürekli 'Cesaret, korkuna rağmen adım atmaktır' diyen? Söylediğine kendin inanmıyorsun ki."

"Sen de şunu anla lütfen. Benim için hayatı özgürce yaşayabilmek önemli, kendi ayaklarım üzerinde durmak önemli. Evlendikten sonra bunları kaybetmekten korkuyorum. Madem kendi coğrafyamıza döndük, o zaman ben de sana Cibran'dan karşılık vereyim: Meşe ve çınar birbirinin gölgesinde büyümez.

İkimizin de geleceği parlak. Evliliğin yükümlülükleri ikimizden birini kariyerinden tavize sürüklerse ikimiz de mutsuz oluruz."

Tirat sırası bendeydi. Araya girmesine izin vermeden devam ettim:

"Evlilik ikimiz için de şu anda sadece teori. Üstelik keşke iki kişi arasında olsaydı ama evlilik iki sülalenin birbirinin hayatına karışmasına atılan adım. İçten içe mutsuzken, dışarıya her şey yolundaymış gibi görüntü veren insanlardan olmak istemiyorum. Çocuk doğunca bütün sorumluluğu üstlenmesi beklenen taraf olmak istemiyorum. Herkesi memnun etmeye çalışsan da kurtulamadığın alınganlık sarmalının içinde yaşamak istemiyorum. 'Eee çocuk ne zaman?', 'Eee, kardeş ne zaman?', 'Bu çocuğu niye böyle giydirdin, niye böyle yedirdin, niye bunu içirdin?', 'Kadın dediğin şöyle yapar'' cümleleri karşısında dişimi sıkarak itaatkâr hanım kız taklidi yapmak istemiyorum. Hayatım boyunca insanların bu müdahalelerine, başkalarının hayatına karışmayı hak görmelerine karşı durdum, anlıyor musun?"

Sustum. Gerilmiştik. Yorulmuştuk. Dünyanın en kötü giden evlenme teklifi bu olmalıydı. Ekmek kırıntıları arasında parlamaya devam eden, birçoklarının hayali olan pırlanta yüzük benim için parmağa geçirilmiş bir kelepçeden farksızdı. Sonsuz mutluluk değil, sonsuz tutsaklık sembolüydü.

Niye böyleyim? Keşke böyle olmasaydım, keşke o kitapları okumasaydım, keşke "evet" *diye sevgilisinin boynuna atlayanlardan olsaydım, keşke teklifi alır almaz yüzüğüme yüz farklı açıdan bakıp gelinlik modelini kafamda tasarlamaya başlayabilseydim, ama değilim sevgilim, olamıyorum, affet beni.*

Sert sessizliği yumuşatma adımı Can'dan geldi. Elini elimin üzerine koydu:

"Bak Zeynep, ben hayatımın geri kalanını seninle geçirmek istiyorum. Buna eminim. Seninle aile kurmak istiyorum. Sınırları ikimiz çizebiliriz. İstemediğimiz hiçbir şeye katlanmak zorunda değiliz."

"Bunun sadece bizim elimizde olduğunu düşünmen ne kadar naifçe."

"Yürütemezsek boşanırız, dünyanın sonu değil."

Kahkaha attım.

"Daha evlenmeden boşanmayı konuşuyor olmamız bile sence kötü bir işaret değil mi?"

"Şöyle düşün: Mesela bir yemek davetine gidersin, garsonlar sana 'Ne içersiniz?' diye sorarlar. 'Bir şey istemiyorum, teşekkürler' dersin. Bir sonraki garson önünde hiçbir şey olmadığını görüp yine 'Ne içersiniz?' diye sorar. 'Teşekkürler, bir şey istemiyorum' dersin yine. Sen 'İstemiyorum' dedikçe 'Ne içersiniz?' diye sormaya devam ederler. Bundan kurtulmak için en iyi yöntem kafadan bir içecek sallamak ve yemek bitene kadar bardağı önünde tutmaktır."

"Yani?"

"Yani garson ilk kez 'Ne içersiniz?' diye sorduğunda bir cevap sallayacaksın, mesela 'Kola lütfen.' Önüne kola geldi mi bir daha hiçbir garson sana ne içeceğini sormaz. Seni rahat bırakırlar."

Sustu. Devamı gelmeyince gülerek elimi omzuna koydum:

"Bunu mantıklı bir yere bağlamazsan seninle tüm ilişiğimi keserim Can!"

"'Ne zaman evleneceksin?' diye her sorduklarında, 'Evlenmek istemiyorum' diye cevap verdiğini düşün. Evlenene kadar yakandan düşmezler, sırayla herkes bu soruyu sorar. Kurtulmanın tek yolu evlenmek. Bu senaryodaki kola, evlilik. Anladın mı? Tadını sevmezsen, gazı kaçarsa, mideni bozarsa içmeye devam etmezsin. Yani evlilik yürümezse boşanırız. Bir kere evlenip boşandın mı da artık kimse sana 'Niye evlenmiyorsun?' diye soramaz. Artık masaya kola gelmiştir, içilmiştir ya da yarıda kalmıştır ama bardak oradadır, herkes görür ve susar. Seni bir daha rahatsız etmezler."

Hayatımda duyduğum en dolaylı bağlantıydı ama beni güldürmeyi başarmıştı:

"Bağlantı biraz zorlama ama neyse, mühendis olduğun için olur o kadar."

"Üstelik evlenmezsen hayatın boyunca 'evde kaldı' diyecekler."

"Umurumda bile olmayacağını en iyi sen biliyorsun. Hem bunu yüzüme değil arkamdan söyleyecekler; insanların ikiyüzlü olması bir bakıma büyük şans, saçmalıklarını duymak zorunda kalmıyorsun. Yine de dâhiyane kola modelin üzerinde düşüneceğim."

En gergin konuşmayı bile sakince, tatlıya bağlayarak tamamlıyorduk. Her şeyi açıkça konuşabileceği bir ilişkiyi insan hayatta kolay kolay bulamazdı, farkındaydım. Derdim Can'la değildi, evlilik denilen tek dişi kalmış canavarlaydı. Mezun olana kadar düşünmek için zaman istedim. Ekmek kırıntıları arasındaki pırlanta yüzüğü belirsiz bir süre için kadife kutusunun içine uğurladık. Orada parmağıma göre daha yumuşak ve mutlu bir hayat süreceğine emindim.

Birçok arkadaşım için evlenip çocuk yapmak bir hayat amacıydı. Hatta bir kısmının üniversitede okuma sebebi buydu; üniversite diplomasıyla daha iyi bir eş adayı bulacaklarını düşünüyorlardı. Bazı arkadaşlarım daha da ileri gidip savaşa hazırlanırcasına stratejik planlar yapıyordu. Zerrin onlardan biriydi. Biriyle çıkmaya başladığında işin ciddiyete binmesi için altı ay süre tanıyordu. Altı ayın bitimi hangi güne denk geliyorsa, o günü en baştan takvime işaretliyordu. O tarihe kadar evlilik teklifi gelmemişse çocuğa açık açık evlenmeye niyeti olup olmadığını soruyor, çocuğun öyle bir niyeti yoksa aynı gün terk ediyordu. Makyavel'e dudak ısırtacak bu taktikleri "onu nasıl evliliğe ikna edersiniz" temalı kitaplardan devşiriyordu. Sistematik çalışıyordu. Bana göre bu aşk değildi, damızlık eş aramaktı. Aşk, stratejik hesap kitap işi değildi. Aşk, kitapsızdı.

Titizlikle uyguladığı teknikler sonucunda, kendi ifadesiyle "ağına düşürdüğü" bir çocuğu nihayet evlenmeye ikna etmişti. Sevgililerinin son kullanma tarihini işaretlediği takvimde, şimdi düğün tarihi işaretliydi. "Nasıl evlenilir" temalı kitapların yerini gelinlik modeli dergileri almıştı. Haberi bizimle ilk paylaştığında yüz ifadesindeki değişim görülmeye değerdi. Savaş boyalarını silmiş, üzerine huzurlu ve sevecen bir hal gelmişti. Onun için sevinmiştim. Çok çalışarak hayaline ulaşmıştı. Sonuçta herkesin hayali farklıydı.

Evlilik savaş gibi bir şey değil miydi zaten? Savaştaymış gibi taraflar vardı: kız tarafı ve erkek tarafı. Taraflar, tanıştırıldıkları andan itibaren lüzumlu lüzumsuz türlü konu yüzünden birbirine diş bilemeye başlıyor, ilişki ilerledikçe çatışma düzeyi artıyor, şayet ilk çarpışmalar ayrılık gerçekleşmeden atlatılabilirse, "düğün" adı verilen büyük meydan muharebesinde karşı karşıya geliyorlardı.

Varış noktasına ulaşanların toplumun gözünde başarmış, daha doğrusu "yırtmış" sayıldığı bir yarıştı evlilik. Rahatlamaydı. Yükün atılmasıydı. Kabul görmenin anahtarıydı. Statünün yükselmesiydi. Namusunun tescillenmesiydi. Elâlemin yargılayan bakışlarının onaylayıcı bakışlara evrilmesiydi. Sonsuz güvence yanılgısıydı. Pırlanta yüzüktü, üzerine kaçak kat çıkılan kremalı pastaydı, koltuk takımıyla uyumlu perde rengiydi, "hafta sonu annemlere gidelim"di, "çocuğu okuldan bugün kim alacak"tı, "veli görüşmesine kim gidecek"ti, kendine bir saniye bile vakit ayıramamaktı, soluklanmak için tuvalete kendini kilitleyip zırıl zırıl ağlamaktı, hiçbir şey olmamış gibi çıkıp gülümsemeye devam etmekti, her daim güçlüymüş ve mutluymuş gibi yapmaktı.

Oysa bir birliktelik içinde kendin kalmak bir lüks değil, haktı. Can'la evlensek, Rilke'nin dediği gibi birbirimizin yalnız kalma hakkına sahip çıkabilecek miydik? Teorinin ötesine geçip pratikte de bunu başarabilecek miydik? Evliliğin zaman içinde giderek monotonlaşan ritmine karşı mücadele gücümüzü koruyabilecek miydik? Yoksa zamanla o bir arada ama yalnız çiftlerden mi olacaktık? Konuşacak tek kelimesi olmayan, aynı evin içinde iki yabancı gibi yaşayan, hayattan sıkılmış karı kocalardan mı olacaktık?

Birçok insan kendi başına var olmayı beceremediği için evlenmiyor muydu? "İnsan sosyal varlıktır", "Yalnızlık Allah'a mahsustur", "Sürüden ayrılanı kurt kapar" cümleleri anlaşılabilirdi ama neden bir Allahın kulu da çıkıp insanın kendi başına var olabilmeyi becermesinin önemini anlatmıyordu? Aristoteles bile "Yalnızlıktan hoşlanan ya vahşi hayvandır ya da Tanrı," demişti. Tanrı olmadığıma göre elimde kalan yegâne varoluş seçeneği vahşi hayvanlık mıydı? Kendi kendine kalmayı başaramayan bir insanın sevgisi de şaibeli değil miydi? Gerçek sevgi ancak yalnız kalmayı becerebilen iki insan arasında mümkün değil miydi? Bağımlı olmadan bağlı olmakla ilgili değil miydi? Sırf bağımlı olduğun için bir başkasıyla aynı yastığı paylaşmak dünyanın en yalnız uykusunu uyumak değil miydi?

Yalnızlık mülteci çocuğu gibiydi, kimse ondaki olumlu potansiyelin farkında değildi. Çoğu insana göre yalnız olmak bir şeylerin ters gittiğinin işaretiydi. Halbuki yalnızlık kendini gerçekleştirmenin önkoşuluydu ve insanların çok küçük bir kısmı bunu görüyordu. Çoğunluğa göre patolojik olan bendim. Can beni anlıyordu. O da benimle aynı pencereden bakıyordu hayata. Milyonların katıldığı bir bilimsel araştırmadaki istisnai sonuç gibiydi. Bütün korkularımı birer birer yok etmek için çırpınıyor, bunu içtenlikle yapıyordu.

Yine de korkuyordum. İnternette "evliliğe ikna olmak" konusunda yazılar okumak derdime deva olabilirdi. Belki benim göremediğim harika yönleri de vardı bu işin. Gel gör ki konuyla ilgili araştırma yapmak bile sinirimi bozmaya yetmişti. Çıkan sonuçların neredeyse hepsi kadının erkeği evlenmeye ikna etmesinin yollarıyla ilgiliydi. "Taahhütten kaçınan erkeği nasıl kendinize bağlarsınız?", "Neden hâlâ evlilik teklif etmemiş olabilir?", "Bazı erkekler neden bazı kadınlarla evlenirken diğerleriyle evlenmez?" Duygu Asena, kitabını yazdığından bu yana yıllar geçmişti ama kadının hâlâ adı yoktu.

Düşünerek olumlu bir yere varamadığım ortadaydı. Geriye tek seçenek kalıyordu: yaşamak.

***

Bir akşam Can'la birlikte parkta yürürken bütün cesaretimi toplayıp "Benimle ilgili söylediklerinde haklısın Can. Hayatı teorilerim üzerinden yaşıyorum. Bizim ilişkimiz diğerlerininki gibi olmak zorunda değil. Yani evet diyorum," dedim.

"Anlamadım?"

"Yani seninle evlenmek istiyorum. Garsonu geçiştirmek için kola ister gibi değil, gerçekten istiyorum."

Can durup bana dönerek iki elini omuzlarıma koydu:

"Zeynep, sen ciddi misin? Benimle dalga geçmiyorsun değil mi?"

"Çok düşündüm Can. Cibran'dan Nietzsche'ye çok okudum. Sonunda bir yere varamayınca dost dost diye Nietzsche'sine sarıldım."

"Al işte, dalga geçiyorsun."

"Hayır, ciddiyim; özür dilerim, böyle söyleyince dalga geçer gibi oldu. 'Evlilikler aşkın bitmesinden değil, arkadaşlığın olmamasından biter,' diyor Nietzsche. 'Bir evlilik yaparken kendimize şu soruyu sormalıyız: Sonu yaşlılık olan o uzun yol boyunca bu insanla sohbet etmekten keyif alacağına inanıyor musun?' Düşünmeme bile gerek kalmadan cevabım evet oldu, hem de çok keyif alıyorum. Seninle sonsuza dek sıkılmadan sohbet edebilirim Can, buna eminim. Seni seviyorum."

Pırlanta yüzük kadife kutusundan tekrar çıkıp parmağımdaki yeni yuvasına taşınmıştı. Bir sonraki adım, evlilik denen kabuğun içine taşınmaktı. Keşiş yengeci gibi ya güneşin sıcağında kavrulacaktım ya da yeni kabuğumun içinde mutlu mesut yaşayacaktım. Ya birlikte büyüyüp daha ferah bir yere varacak, ya kabuğun içine sığamayıp nefessiz kalacaktık. Öğrenmenin tek yolu vardı; denemek. Deneyecektim.

ANNE: *Evlenmenin ne demek olduğunu biliyor musun yavrum?*
GELİN: *Biliyorum.*
ANNE: *Bir erkek, çocuklar, gerisi de iki karış genişliğinde duvar.*
...
DAMAT: *Kollarım güçlüdür. Seni art arda kırk yıl kucaklayacağım.*
GELİN: *Her zaman!*
BABA: *Hadi hemen gidelim! Atlara, at arabalarına! Güneş doğdu bile.*
ANNE: *Aman dikkatli olun! Bir aksilik olmasın.*

Lorca, *Kanlı Düğün*

Mezun olur olmaz İstanbul'a döndük. Can prestijli bir firmadan, ben de hep hayalini kurduğum üniversiteden iş teklifi almıştım. Gelecek vaat eden bir bilgisayar mühendisi, kadınlar için çalışmaya can atan bir akademisyen adayı... Ülkeye geri dönmemiz, işe girmemiz ve evlenme kararımız gerek ailelerimizi, gerek elâlem terör örgütünü epey rahatlatmışa benziyordu. Sıradaki adım nikâhtı.

"Sylvia, Ted Hughes'la evleneceğini nikâhtan sadece üç gün önce annesine söylemiş, biliyor musun Can?"

"Eyvah, Batı kültürü ve edebiyatına başladık yine. Trajedi geliyor kesin. Ölen ya da yaralanan olmuş mu?"

Güldüm.

"Hayır, olmamış. Ted'in ailesi de evlendikten sonra durumdan haberdar olmuş. Arkadaşlarına bile söylememişler, o derece."

Gizlice evlenmeye karar vermişlerdi. Londra'da alelacele Ted'e ayakkabı ve pantolon almışlar, kalan son paralarıyla da bir antikacı dükkânından parmaklarına uymayan iki ucuz yüzük ayarlamışlardı. Sylvia yüzük bile takmak istemiyordu ama prosedür gereği takmak zorundaydı. Bu hikâye bana hem uçuk hem de büyüleyici geliyordu.

"Çok romantik değil mi? Düşünebiliyor musun bizim de böyle yaptığımızı?"

"Düşünebiliyorum. Kan çıkar."

Can haklıydı. Fiziksel olarak kan çıkmasa da birilerinin beynine kan çıkacağı kesindi. Üstelik "evlatlarının mürüvvetini görmek" ailelerimiz için önemliydi, bu gayet anlaşılabilirdi. Sınır koymak ile gönül kırmak arasında bir çizgi vardı, bencillik edip çizgiyi aşmak gereksizdi.

Ailelerimiz birbirine benziyordu. Can'ın babası emekli asker, annesi ev hanımıydı. Bizimkiler gibi orta sınıf, kendi hallerinde insanlardı. Can'la iyi anlaşmamızın temelinde muhakkak bu benzerlik de önemliydi. Tek fark, Can'ın ona sürekli "evde kalacaksın" diyen bir anneannesi olmamasıydı.

Anneannemden ayrı kaldığım dönemde onunla oda arkadaşlığımı özlemiştim. Ülkeye döndükten sonra birkaç haftalık hasret gidermenin ardından orijinal fabrika ayarlarımıza geri dönmüştük. Küçükken "Evlendiğin günleri göremeyeceğim" deyip duran anneannem, evlenmem garantilenince sıradaki konuya dair yorumlara başlamıştı bile. "Çocuğu çok geciktirme, kaç yaşına geldin." Başımın tatlı belası anneannem, eminim çocuğumuz olsa da havlu atmayacak, ömrü vefa ederse serinin üçüncü etabı olan "buna kardeş lazım"la tam saha prese devam edecekti.

Sosyolojik analizler için mükemmel bir fırsat olan düğün süreci, beni kültürün o güne dek bilmediğim sırlarıyla buluşturuyordu. İçlerinde en ilgimi çekenlerden biri, kız isteme etkinliği sırasında "kız tarafına" hediye edilen çeyiz bohçasıydı. Çeyiz bohçası gerçek bir ikilemdi. Okulda, hayatta karşılığı olmayan havuz problemi yerine "çeyiz bohçası" sorunsalı ele alınabilirdi. Problem de çocuklara şöyle aktarılabilirdi:

"'Sabahtan akşama namus ve bekâret muhabbeti yapılan bir toplumda, çeyiz bohçasının içine konulan iç çamaşırlarının değme seks işçisini kıskandıracak düzeyde "fantazik" olması neyle açıklanabilir?' Süreniz başladı çocuklar, cevaplamaya istediğiniz iç çamaşırından başlayabilirsiniz."

O fırfırlar, danteller, jartiyerler, ponponlu babydoller, saten tangalar neyin nesiydi? Hiç tanımadığım, nispeten muhafazakâr insanların striptizcileri kıskandıracak bu zamazingoları çeyiz diye önüme koymasına akıl sır erdiremiyordum. *El değmemiş kız olmayı yücelt, etrafını saran bin türlü namussuzluğa ses çıkarmayıp ahlakı kadının iki bacağı arasına sıkıştır, sonra da çeyize her türlü fantezi malzemesini doldur.* Bu ne perhiz bu ne lahana turşusuydu?

Her zamanki gibi anneannemle atışarak işi eğlenceye vuruyordum:

"Böyle çeyiz bohçası olmaz anneanne."

"Niyeymiş, nesini beğenmedin?"

"Kelepçeyle kırbaç eksik. Bu şekilde kabul edemeyiz. Ucuza gidiyorum."

"Zırva zırva konuşmalar, ne dediğin ne anlattığın belli. Kelepçeymiş. Evde kalmanın eşiğinden döndün, bohça getirdiklerine şükret."

Evliliğe giden süreçte en temel kurallardan biri de gördüğün her anlamsız durum karşısında her şey son derece normalmiş gibi davranmaktı. Başlıca slogan, "aman tatsızlık çıkmasın"dı. Bazı hayatlar evlilik sonrasında da bu temelde yaşanmaya devam ediyordu. Tatsızlık çıkmasın diye tatsız tuzsuz yaşayıp gidiyordu insanlar.

Sadece bir şey vardı ki ona karışmalarını kesinlikle istemiyorduk: Can'la karar vermiştik, düğün yapmayacaktık. Nikâh tamamdı ama düğün olmasa da olurdu. Düğün, aşkın ve özgürlüğün sona erişinin kutlanmasıydı. Aşk, ölümünün neşeyle kutlandığına şahit olsa insanlığı affetmezdi.

Düğün için harcanacak parayla birkaç ülke gezebilirdik. Bu fikir bizi müthiş heyecanlandırıyordu. Gezmek, görmek, öğrenmek, yeni tatlar, yeni yerler keşfetmekten daha güzel ne olabilirdi ki? Düğün dediğin dostlar alışverişte görsün amaçlı gereksiz bir masraftan ibaretti. Ailelerimizin de kararımızı anlayışla karşılayacağına inanıyorduk. İnanmak, başarmanın yarısıdır. Başarmanın diğer yarısı, inancını kararlılıkla uygulamaya koyabilmektir.

Ringe çıkmaya hazırlanan bir boksör gibi ilişkilerde sınır koymaya dair birkaç kitap okumuştum. Okuduğum kitaplarda "hayır" demenin yolları anlatılıyor, "10 adımda sınır koyma" gibi pratik formüller sunuluyordu:

"Unutmayın ki ne yaptığınızdan sadece kendiniz sorumlusunuz. Hiç kimse size zorla bir şey yaptıramaz. Kararlı ama nazik olun. Direkt olun. Sizin için neyin kabul edilir olduğunu, neyin olmadığını açıkça ifade edin. Ancak bu şekilde sınırlarınızın ne olduğunu anlayabilirler. Gerektiğinde ortamı terk edin. Karşınızdakine çizgiyi aştığını, bu şekilde devam ederse gideceğinizi açıkça söyleyin."

Yeterince okuyup, araştırıp hazırlandıktan sonra ailelerimizin karşısına çıktık. Pilot çalışma için önce Can'ın ailesini seçtik. Can'ın annesi geleneklere bağlı bir kadındı. Düğün onun için çok önemliydi, "itibar" meselesiydi. Evlilik denen savaş oyununda kayınvalidem bölüm sonu canavarıydı. Pilot çalışmamızda onu bilerek bölüm başına konumlandırmıştık. Bizimkiler bu konularda onun kadar fanatik değildi. Bu aşamayı geçersek, ailenin geri kalanını rahat ikna edebileceğimize emindik.

"Anne, Zeynep'le kesin karar verdik. Düğün yapmayacağız."

Can'ın ağzından çıkan bu cümleyle annesinin az önce ağzına attığı baklava parçası boğazına takılmış, girdiği öksürük krizinden bardak bardak sularla çıkabilmiş, müstakbel kayınvalidem yüzüne ve gerdanına boşaltılan limon kolonyalarıyla kendine gelebilmişti. Babası ciddi ve somurtkan bir ifade takınmış, tek kelime yorum yapmasa da öfkelendiğini her halinden belli etmişti. "Öyle şey olur mu"ydu? "Elâlem ne der"di? Düğünsüz olmazdı, eski köye yeni âdet mi getirmeye mi kalkıyorduk, büyüklere saygı neredeydi? Çok yanlıştı, çok yanlıştık.

Hüsrana uğramıştım. Sınır koymaya dair okuduğum kitaplar hiçbir işe yaramamıştı. Ne de olsa hepsi bizim kültürümüzden habersiz Batılı yazarların havalı teorilerinden ibaretti. "Direkt olun. Sizin için neyin kabul edilir olduğunu, neyin olmadığını açıkça ifade edin" diyen o Susan'lar, George'lar burada olsalar kendilerini müstakbel kayınvalidemi limon kolonyasıyla ayıltmaya çalışırken bulurlardı. "Oh please, ma'am, please, no, of course there are no boundaries, fuck boundaries!"

Pilot çalışmamızın en başında yaşadığımız başarısızlık, bizim gibi çalışkan ve sebatkâr iki insanı hemen pes ettirecek değildi. Kararımızı diğer aile üyeleriyle de paylaştık. Bir şey değişmemiş, düğün yapmayıp dünyayı gezme fikrimiz heyecandan çok terör rüzgârları estirmişti. Annem müstakbel kayınvalidem gibi Oscar'ı hak eden bir performans sergilemese de, benim ailem de bu fikri zinhar tasvip etmediklerini kendilerine özgü mutsuz tavırlarla belli etmişti.

Hayal kırıklığına uğramakla birlikte bunlara içten içe hazırlıklıydım. Boşa tatsızlık yaratmaya gerek yoktu. Can'a da yazıktı. Ayrıca hem düğün yapıp hem de dünyayı gezebilirdik. Önümüzde birlikte upuzun bir hayat vardı.

Düğün için tez zamanda planlar yapılmaya başlandı. Köprüyü geçinceye kadar her şeye ve herkese "he" demeye karar vermiştik. "Aaaa, ne harika bir gelinlik!", "Ooo, Harbiye Orduevi muhteşem bir mekân!", "Uuuu, bu duvak modeline bayıldım!", "Aaaa, tabii ki, eski mahalledeki komşularınızı ve kızlarını ve çocuklarını ve torunlarını da davetliler listesine eklemeden olur mu!" Gelinlik modelinden düğün mekânına kadar her şeyi bizim yerimize seçmelerine izin vermiştik. Sonuçta bu düğün bizim için değil başkaları için yapılıyordu.

Hayatımdaki yüklemler tekil aktiften çoğul pasife geçiş yapmıştı. Eve "dönmüyordum," eve "dönülüyordu." Alışverişe çıkmıyordum, alışverişe "çıkılıyordu." Kararlarımı ben vermiyordum, kararlar Voltran halinde "veriliyordu." Bir robot gibi tüm komutları sorgulamadan yerine getiriyordum.

Hazırlık nihayet sona ermiş, düğün zamanı gelip çatmıştı. New York'ta *Sevil Berberi* operasında son derece elit bir başlangıç yapan ilişkimiz, ılık bir haziran akşamı Harbiye Orduevi düğün salonunda *Karaçalı Gibi Girdin Aramıza* nağmeleri eşliğinde halay çekilerek tamama erecekti.

***

Gelin arabamızın arkasında büyük harflerle C&Z yazıyordu. *Önce kızın ismi yazılmaz mıydı? Boş ver Zeynep. Gülümse. Sana ne, senin düğünün mü?* Bence akrabaların A'sı da C ve Z harfleri arasına eklenebilirdi, sonuçta hepsiyle evleniyorduk. Hem böylelikle ortaya çıkan sonuç durumu çok daha iyi tasvir ederdi: "CAZ." Acı ve protestonun müziği.

Düğün mekânı olan Harbiye Orduevine gelene kadar yolumuz birkaç kez kesilmiş, yolu kesen çocuklardan biri ön kaportanın üzerine boylu boyunca uzanınca bir süre çocukla birlikte ilerlemiştik. Kayınpederim "Giderayak başımıza bir iş gelmesin" diyerek arabayı durdurmuş, söylene söylene çocuğun eline para zarfı tutuşturmuştu. İtiraf edeyim bir yandan da çok eğleniyordum. Şayet uzaylılar varsa ve bizi izliyorlarsa bütün bunlardan ne anlam çıkarıyorlardı acaba?

Düğün mekânına vardığımızda sıra fotoğraf çektirme faslına gelmişti. Saçını atkuyruğu yapmış, tek kulağı küpeli, üzerinde Metallica grubu üyelerinin resminin olduğu siyah bir tişört giyen düğün fotoğrafçımız bize art arda anlamsız pozlar verdiriyordu. Metallica'nın bir ağırlığı vardı, bu adam verdirdiği pozlarla onu yerle bir ediyordu. *O güzel insanlar o güzel tişörte binip gittiler.* Bunu düşününce kahkaha attım.

"İyi misin Zeynep?"

"Yeter ki şu işkence bitsin, *nothing else matters* hayatım."

Gözünü sevdiğim mizaha sığınarak ruhumu korumaya almıştım. Bir noktada Can'ın arkamda durup elini belime koyması, o uzaklara bakarken benim de hayran hayran ona bakmam gibi talimatlarla gülmekten gözlerimden boşalan yaşlar rimellerimi akıtmış, simsiyah göz altlarımla duvaklı bir rakuna dönmüştüm. Arkadaşlarım akan makyajımı ustalıkla toparlamayı başarmışlar, fotoğrafçıya teşekkür edip daha fazla fotoğraf çekmesinin önüne geçmişlerdi.

Düğün denen bilgisayar oyununda bir sonraki aşama, düğün salonundaki merasim kısmıydı. Bu aşama biraz daha zordu ama puanı yüksekti. Oyunun nikâh memurlu bölümünde herkesin gözü üzerimizdeydi. Memur uzun uzun nasihatler verirken etraftakiler kafalarını sallayarak onaylıyordu. Kalabalıktan coşkulu "ayağına bas" nidaları yükseliyordu. Hastalık, sağlık, iyi gün, kötü gün, vesaire, vesaire, evet, evet, alkış kıyamet, gözyaşı, kahkaha, imza, öpüşme, alkış. *Bu da bitti. Ohh. Henüz dağılamıyoruz, az kaldı.*

Beyazpeynir, haydari, sarma ve kısırla bezeli ordövr tabağına eşlik eden enstrümantal müzik, ana yemekle birlikte yavaş yavaş yerini 70'ler Türkçe popa bırakmış, sıra nihayet düğün dansına gelmişti. Birilerinin bizim için seçtiği yavaş Türkçe parça eşliğinde, payetli tuvaletler, maşalı saçlar ve etrafta koşuşturan çocuklarla çevrili pistin ortasında Can'la dansa başladık.

Bir yandan da göz ucuyla etraftakileri izliyordum. Bazı kadınlar mendilleriyle gözyaşlarını siliyordu. Kim olduğunu bilmediğim yaşlı bir adam bir noktaya gözünü dikmiş, tutkuyla burnunu karıştırıyordu. Geri kalan misafirlerin çoğu cep telefonlarıyla haşır neşirdi. Bu absürd manzaranın ortasında gülümseyerek iki kişilik romantik bir dansı gerçekleştirmeye çalışıyorduk. Manzara, evlilik denen müessesenin güzel bir tarifiydi: Anlamsız ilişkiler ağının ortasında gülümsemeye çalışarak, dik durarak birlikte dansa devam etme çabası.

Dans ve pasta kesme merasiminin ardından "Osman Aga" şarkısına bağlanan düğün, Neval Teyze'nin halay başı olduğu bir halay ekibiyle gerçek ruhuna evrilmişti. "Osman Aga"dan "You're a Sex Machine" şarkısına ani bir geçiş olsa da halay ekibi istifini bozmamıştı. Bir önceki şarkıya göre tempo daha yavaş olduğu için onlar da hareketlerini yavaşlatmışlar, ancak ekibi dağıtmamışlardı. Halay başı Neval Teyze, James Brown "get up" dedikçe mendili hızla sallayarak öne eğiliyor, "get on up"da da hep birlikte doğruluyorlardı.

Birden düğün olayı gözüme sempatik görünmüştü. Yabancı şarkının ne anlama geldiğini bilmeden mutlulukla dans eden halay ekibi, bana kelimelerin insanları boş yere birbirinden ayırdığını düşündürtmüştü. Müzik kelimelerden daha güçlüydü. Belki ben de düşünmeyi bırakıp kendimi halay ekibinin kollarına bırakmalıydım.

Onları izlerken "Cehalet hiç bu kadar mutluluk getirmemişti" demiştim Can'a gülerek. Cehalet kelimesini kibirli bir tavırla kullanmamıştım. İnsanın neyi bilmediğini bilmemesi büyük gaflet gibi görünse de büyük lükstü. Neval Teyze'nin "Sen bir seks makinesisin" diyen bir şarkıda neşeyle halay çekmesi ve etrafın coşkuyla alkışlaması ancak bu sayede mümkündü.

Cehalet mutluluktur, belki de en yanlış yorumlanan cümlelerden biriydi. Bir görüşe göre cümlenin asıl çıkış noktası İngiliz şair Thomas Gray'in şiirinden bir dizeydi. Şair, yıllar sonra eski okulunu ziyaret etmiş, neşe ve gençlikle dolu tepeleri görünce yeniden mutlu hissetmişti. "Masum hazlar ne güzeldi" diye geçirmişti içinden. Okulun steril, korunaklı ortamından çıkan genç insanların gerçek dünyada karşılaştıkları kötülükleri düşünmüştü: korku, kıskançlık, öfke, umutsuzluk, yoksulluk, ölüm... "Bu gerçekleri keşke hiç öğrenmeselerdi. Düşünce, cennetlerini yıkıp geçti" diyordu. Cehaletten kastettiği, hayatın acı gerçeklerinden uzak olmaktı. Acıyı bilmemekti. "Cehaletin mutluluk olduğu yerde, akıllı olmak deliliktir" diye bitiriyordu şiirini. Fazla düşünerek kendi cennetimi yerle bir mi ediyordum?

Bu esnada papyon, tütü ve fırfır bulutu halinde bir grup çocuk ellerini kollarını yanlara açıp bağırarak etrafta koşturuyor, anneleri arkalarından mendillerle onları kovalıyordu. "Oğlum gel buraya, aaa, su gibi olmuş sırtın, hastalık çıkmasın başımıza." Mendil hayatın her türlü duygusuna eşlik edebilen ne multifonksiyonel bir icattı! Halayda, terde ve gözyaşında insanın hep yanındaydı. Mendilini neşe içinde sallayan halay başı Neval Teyze'yi izlerken Muhittin Amca'yla olan acıklı evliliğini düşündüm. Muhittin Amca Viagra'nın icadıyla birlikte emekliliğini bir seks makinesi olarak geçirmeye karar verince kadıncağızın dinmeyen gözyaşlarına mendil dayandıramamıştık.

Oysa onlar da bizim gibi gönülden evet dememişler miydi? Sonsuza dek süreceğinin sözünü vermemişler miydi? Tam olarak ne zaman sohbet azalmaya, dokunmalar monotonlaşmaya, gözlerdeki pırıltı sönmeye başlıyordu? Neval Teyze, bir keresinde, bana eski fotoğraf albümlerini göstermişti. Nişan ve düğün fotoğraflarına bakmıştık. Ondüle saçları, zarif duvağı, saçından sarkan gelin teli, incecik bedeniyle, utangaç gülümsemeli narin bir genç kızdı. Arkasında hafifçe ona doğru eğilmiş, tek elini beline, tek elini kolunun üzerine yerleştirmiş, "sana kol kanat gereceğim" mesajı veren zıpkın gibi bir genç adam duruyordu. Kim bilir ne umutlar, ne hayaller, ne korkular vardı fotoğrafın görünmeyen kısmında.

Bunları düşününce dönüp Can'a baktım. Ben de bir gün bir başkasının düğününde elimde mendil, içimde acıyla halay başı olacak mıydım? Sonumuz onlarınki gibi mi olacaktı? Her aşk hikâyesinin bir başı, bir gelin başı, bir de hüsrana uğramış halay başı aşaması mı vardı?

Bunları düşünürken DJ slow dansa geçmiş, halay ekibi dağılmıştı. Bileğimde sallanan saten keseyle altın toplamak için masadan masaya dolaşma faslına gelmiştik. Tarlatan denilen iç etek yürümemi zorlaştırıyor, topuklu ayakkabılardan mahvolan ayaklarım eve gitmek için yalvarıyordu. Henüz oyun bitmemişti. Tebrikleri kabul et, kesenin ağzını aç, ödülü kap, teşekkür et, fotoğraf çektir, sıradaki masaya geç, bunu defalarca aynı sırayla yap. Yaparken yüzüne bir gülümseme yapıştır. *Az kaldı, ha gayret Zeynep. Kırmızı dev adamları da aştıktan sonra oyun bitecek.*

Az önce "kara çalı gibi girdin aramıza, al kızını koy çuvala, salla salla vur duvara" sözleri eşliğinde coşku içinde göbek atan kayınvalidem, şimdi düğün hediyesi olarak aldığı takı setini koluma ve boynuma ağır çekim hareketlerle iliştiriyordu. Yüzündeki gururlu ifadeyi görenler, beni altın madalya alan bir Olimpiyat sporcusu sanabilirdi. Fondaki tek eksik göndere çekilen Türk bayrağı ve *İstiklal Marşı*'ydı. Hareketlerinin ağırlığı, taktığı takıların kameralar tarafından net bir biçimde algılanabilmesi içindi muhtemelen.

Son akraba da mekânı terk ettiğinde pestilimiz çıkmış bir halde kendimizi arabaya attık.

Düğünü kazasız belasız atlatmıştık. Düğün yaşanmaz, atlatılır.

***

Düğünün kansız ve olaysız sona ermesiyle üzerimizden büyük bir yük kalkmıştı. İki gün sonra balayı için Amsterdam'ın yolunu tuttuk. Özgür ruhumuza uygun bir seçimdi Amsterdam. Romantik kanallar, şirin kafeler, bisikletin tepesinde takım elbiseleriyle işe giden insanlar, alabildiğine geniş parklar, küçüklü büyüklü müzeler, Van Gogh, Rembrandt, Vermeer ve mutluluk dolu beş gün... Her şey büyüleyiciydi. Bu mutluluğun bir sonu gelecek miydi? Şarkıda dediği gibi, her güzel şey gibi bitecek miydi? Kaygılar başıma üşüştükçe "şimdiye odaklan, anın tadını çıkar, *carpe diem*" temalı zamane öğütlerini hatırlayıp kendimi sakinleştirmeye çalışıyordum.

Şehirdeki ikinci akşamımızda, bisiklet kiralayıp kanal boyunca gezintiye çıkmaya karar verdik. Bisikleti kullanan Can'dı; ben selede onun beline sıkıca tutunmuş, etrafı izleyerek yola devam ediyordum. Sokak lambalarının aydınlattığı sakin kanalın kenarında, manzaranın tadını çıkararak ilerliyorduk. Gecenin sükûnetini ve büyüsünü bozmaktan korkarcasına sessizdik.

Önümüzde upuzun bir yol akıyordu.

Yanımızda kanal ışıl ışıl ve sükûnetle akıyordu.

Kanalın içinde küçük tekneler akıyordu.

Kafamın içinden düşünceler akıyordu.

Zaman akıyordu.

Her şey akıyordu.

Her şey akar.

Panta rhei.

"Özümüz artsız, aralıksız bir akıştır," diyordu Marcus Aurelius. "Kimi şeyler doğma, kimileri ise ölme telaşında; doğmakta olan şeyin bir parçası şimdiden ölüyor ya da çoktan öldü bile; ama bu sonsuz akış ve dönüşüm dünyayı sürekli olarak yeniler, tıpkı ortaksız, aralıksız akıp giden zaman ırmağının sonsuzluğu yenilemesi gibi."

Etrafımı çevreleyen bu devinimin ortasında birdenbire "son" kavramının aslında bir kurgudan ibaret olduğu düşüncesi, berrak bir biçimde, zihnimde beliriverdi. Son uydurmaydı. Her şey sürekli dönüşüm halindeydi. Yok olmuyordu hiçbir şey, sadece dönüşüyordu. Ben bile az önce farklı biriydim.

Birden, istemsizce, gözlerimden yaşlar akmaya başladı. Can arkasını dönmeden ağladığımı hissetmiş gibi endişeyle sordu:

"Zeynep, iyi misin?"

"Evet, hem de çok iyiyim hayatım, sen yola bak."

Hayatı bir bisiklet selesinde katı düşüncelerin beline sarılmış halde ilerleyerek yaşıyordum. İnsanlarla ilgili düşüncelerim siyah beyazdı. İlişkilerle ilgili düşüncelerim siyah beyazdı. En belirgin renkler bunlardı çünkü, diğer renkleri görmek için çaba sarf etmek gerekiyordu. Bu nedenle dünyanın neredeyse bütün dillerinde önce siyah ve beyaza isim verilmiş, diğer renklerin isimleri sonradan takip etmişti. Bu düpedüz zihinsel tembellikti. Başka renkleri yok saymak, hayatın zenginliğine burun kıvırmaktı. Kendi yoksulluğuna kör olmaktı.

Düşünerek varamadığım bir yere, etrafımdaki sürekli devinim sayesinde ulaşmıştım. İçimde dolanıp duran bir taşın nihayet ait olduğu yere oturduğu bir aydınlanma anıydı bu. Zihnimde kendi kendime koyduğum bir engeli yine kendi elimle kaldırmış gibiydim. Bir *vuja de* anıydı. Bu kavramı bir kitaptan öğrenmiştim. *Deja vu*, ilk kez yaşadığın bir deneyimi sanki daha önce de yaşamışsın hissi demekti. *Vuja de* ise bunun tam tersiydi. Aşina olduğun bir şeyi taptaze bir perspektiften görmek, eski sorunlara yeni bir yerden bakmak demekti. Kitaptan öğrendiğimi yaşayarak anlıyordum.

Sakince akan su ve yol bana "esne" diye fısıldıyordu. "Sadece bize eşlik et. Sonu düşünme. Son bir illüzyon. Sen sadece yola devam et." İçimde kabuk tutmuş bir meselenin kabuğunun çatladığını hissediyordum. Çatlaktan içeriye gecenin ve şehrin masalsı güzelliğinin ışığı sızıyordu.

Boşum, çınlarım en küçük ayak sesinde,
Sütunlarıyla, revaklarıyla,
kubbeli odalarıyla debdebeli, heykelsiz bir müze,
Avlumda bir pınar çağıldar ve gömülür kendi içine,
Rahibe gönüllü ve dunyaya kör. Koku niyetine
Salar solgunluklarını mermer zambaklar.
Düşlerim kendimi büyük bir ahaliyle,
Beyaz bir Nike'ın ve birkaç yalın gözlü
Apollon'un annesi olduğumu.
Halbuki ihtimamlarıyla rencide eder beni ölüler
ve bir şey olamaz.
Alnıma koyar bir elini ay,
Bir hemşire misali ifadesiz çehreli ve suskun.

Sylvia Plath, *Kısır Kadın**

---

* Çeviri: İsmail Haydar Aksoy.

Evlenmeden önce bir karar almıştık, beş yıl boyunca çocuk yapmayacaktık. Bir taraftan kariyer basamaklarını tırmanırken, bir taraftan dünyayı gezecektik. Zamanı gelince, ikimiz de hazır olduğumuzu hissedince, çocuğumuza iyi bir gelecek sunabileceğimizden emin olduğumuzda ailemizi büyütecektik.

Öğrencilerim için ders hazırlarken okuduğum bir araştırmada iki tip mutluluktan söz ediliyordu: Deneyimlenen mutluluk ve hatırlanan mutluluk. Deneyimlenen mutluluk, bir şeyi yaptığın sırada hissettiklerindi; insanlar sana "Ne kadar mutlusun, nasıl gidiyor?" diye sorduğunda verdiğin cevap bununla ilgiliydi. Hatırlanan mutluluk ise eskiden yaşadığın bir şeyi hatırladığında ne kadar mutlu hissettiğinle ilgiliydi. Araştırma sonuçlarına göre çocuklarla deneyimlenen mutluluk beklenenden daha düşük, hatırlanan mutluluk oranları daha yüksekti.

İnsanların çoğu için çocuklarla yaşamaktan çok çocuklarla yaşamanın hatırası güzeldi. Hatıralar da siyasetçiler gibiydi, asla güven olmuyordu. Geçmişimizin zirve anlarını, iyi zamanları hatırlamaya meyilliydik. Kötü olan ne varsa içimizde bir yerlere gömüyor ve unutuyorduk. Milyon kez değiştirilen bez, uykusuz geceler, tuvalete gidecek vakit bulamamak, iki yaş sendromu, ergenlikteki öfke patlamaları, okullara dökülen paralar, kurstan kursa şoför gibi çocuk taşımalar, çatışmalar, ağlamalar, bunalmalar... Bunların hepsi unutulup gidiyordu. Geriye birlikte yaşanan mutlu anlar, ilk kelimeler, ilk adımlar, sıcacık sarılmalar, kıkırdamalar, kahkahalar, dizine yatıp film izleyen minik bir kafa, "anne beni kucağına al" diye boynuna sarılan minik kollar, "baba beni gezdir" diyerek tependen iki yana sarkan minik bacaklar kalıyordu. Belki de bunlar hepsine değerdi, kim bilir...

Can baba olmayı çok istiyordu. Benimse çocuk sahibi olmaktan ödüm kopuyordu. Nereden baktığına göre, bu bencilce ya da insanca bir korkuydu. Çocuk doğduğunda ona yetememekten, onu iyi yetiştirememekten, bu dünyaya karşı onu koruyamamaktan korkuyordum. Bir korkum da çocukla birlikte özgürlüğümüzü, hayallerimizi yitirmekti. Biraz daha zamana ihtiyacım vardı. Bunları etrafımdaki kimseye söyleyemiyordum, kimsenin anlayacağını sanmıyordum. Bencillikle suçlanacağımdan emindim. Bazı şeyleri hiç paylaşmamanın daha akıllıca olduğunu zaman içinde öğrenmiştim.

Mutabık olduğumuz önemli bir nokta vardı: Çocuk, ilişkimizi tamamlayacak bir varlık değildi bizim için. Kendimizden, birbirimizden ve hayatımızdan memnunduk. Eksik olan bir şey yoktu. Bazı insanlar kendi geçmişini, bazıları geleceğini temize çekmek için çocuk yapıyordu. Bazıları gerçekleşmemiş hayallerini tamamlama yolunda kullanışlı bir araç olarak görüyordu çocuğu. Bazıları bunları bile sorgulamıyordu; etraftan "çocuk ne zaman" komutunu alır almaz bir robot gibi bebek üretiyorlardı.

Çocuğumuzun olmaması ihtimaline de hazırdık; hatta bu konuda çok rahattık. Şayet birimizde ya da her ikimizde biyolojik olarak böyle bir kapasite yoksa olması için uğraşmayacaktık. İnsanlara çocuk yapmaları yolundaki dayatmalar acımasızca ve düşüncesizceydi. Üstelik bu dayatma son derece olağan karşılanıyordu. Hele bir kadının çocuk yapmama hakkını savunması seçenek bile değildi. "Çocuk düşünüyor musunuz?" sorusu bile yeterince mahremken, insanlar uluorta "Ee, çocuk ne zaman?" diye sorabiliyordu.

Kısa bir süre sonra, beklediğimiz üzere, etraftan çocukla ilgili imalı mırıltılar yükselmeye başlamıştı. Bu konuda sessiz kalan az sayıda kişiden biri Neval Teyze'ydi. Neval Teyze ve Muhittin Amca'nın çocukları olmamıştı. Evlendikten sonraki bir yıl boyunca Neval Teyze hamile kalamayınca, yıllar süren bir kısırlık tedavisine başlamışlardı. Daha doğrusu tedaviye başlayan sadece Neval Teyze olmuştu. Muhittin Amca sorunun kendinden kaynaklanabileceği ihtimalini inatla reddediyor, sperm sayımından köşe bucak kaçıyor, bunu erkekliğine saldırı olarak görüyordu.

Hayatla ilgili bu önemli bilgilere erken yaşta nail olmamı, anneannemin odada dizisini izlemek içini beni salona şutlamasına borçluydum. Kendime ait bir odam olsaydı, o sırada çözmeye çalıştığım havuz probleminden daha değerli olan bu hayat bilgisinden uzunca süre bihaber olacaktım. *Nereden baktığına bağlı olarak, kendine ait bir odan olmaması da avantaj olabilir sevgili Virginia.*

Salondaki yemek masasında ödev yaparken Neval Teyze de kahve içmek için bize uğramıştı. Annemle sohbetleri devam ederken fonda her zaman olduğu üzere televizyon açıktı. Ünlülerin hayatına dair gereksiz bir sürü dedikodunun paylaşıldığı magazin programında, stüdyoya konuk edilen ünlü bir çift "bebeklerini yakında kucaklarına alacaklarını" sevinçle anlatıyordu. Programın sunucusu, kadına hamile kalamadığı dönemde neler hissettiğini sorduğunda kadın, "Eşime bebek veremediğim için kendimi o dönem işe yaramaz hissettim," diye ağlamaya başlamıştı.

Kadın, yumurtalığındaki kist nedeniyle hamile kalamadığı dönemde babasının mezarının başında günlerce ağladığını anlatırken, stüdyoyu dolduran izleyici kadınlar da mendilleriyle gözyaşlarını siliyorlardı. Yumurtalıklarından ameliyat olduktan kısa bir süre sonra hamile kaldığını öğrenince yine gözyaşlarına boğulmuştu. Bu sahneye şahit olduktan sonra hamile kalmanın da, kalamamanın da ağlanacak bir durum olduğu sonucuna varmıştım.

Program sunucusu stüdyoda söz almak isteyen kadınlara dönmüş, bir kadın uzun süre çocuğu olmadığını, ancak aile büyüklerinin tavsiyelerini dinleyerek birkaç ay boyunca kaynayan sütün buğusuna oturduğunu, böylelikle başardığını anlatmıştı. Hamile kalabilmenin toplum gözünde bir başarı değeri taşıdığını böyle öğrenmiştim. Başka bir stüdyo konuğu, çocuğu olmayan kadın denizde kayıkla gezdirilirse muradına ereceği bilgisini paylaşmıştı. Paylaşımlar stüdyodaki diğer konuklardan coşkulu bir alkış toplamıştı.

Kadınların konuşmalarını dikkatle dinleyen Neval Teyze, birden, hıçkıra hıçkıra ağlamaya başlamıştı. Annem içeriğin acıklı olmasının ötesinde bir durum olduğunu sezince onu konuşmaya zorlamış, sonunda Neval Teyze bir süredir kısırlık tedavisi gördüğünü itiraf etmişti. Konuyu sadece eşi, annesi ve kaynanası biliyordu. Annesi belini açık bıraktığı, böbreklerini üşüttüğü için çocuğu olmadığını söyleyerek onu suçluyordu. Kaynanası Neval'in "hastalığının" tedavisi için her Cuma türbeye bez bağlamaya gidiyordu. Sürekli öfke patlaması yaşayan Muhittin Amca ise doktora gitmeyi zinhar reddediyordu. Bermuda Şeytan Üçgeni'ni aratmayan üçgenin iç açılarının toplamı, Neval Teyze'nin iç acılarının toplamına denk geliyordu.

O günden sonra konuyla ilgili küçük bir araştırma yapmıştım. Kısırlık epey yaygın bir sorundu, ancak herkes durumu birbirinden gizlediği için nadir yaşandığı sanılıyordu. Sorun Neval Teyze'nin bel ve böbreğinin ötesinde, Muhittin Amca'daki bir organın yetersizliğiyle ilişkili de olabilirdi, ancak görünen o ki bunu kimse aklına bile getirmiyordu. Aklına getirse bile böyle bir açıklama Muhittin'in yiğitliğine leke süreceğinden o olasılık doğrudan hasır altı ediliyordu. Neval Teyze'nin kısırlık tedavisi görmesi, onun "hasta" olduğu algısını doğuruyordu. Hatta bazı kadınlar bu nedenle hastaneye bile yatıyordu. Bir kısmı bu sayede ağır ev işlerinden ve evdeki kötü muameleden kurtulduğu için şükrediyordu. Oğlan doğurmayacaksa hiç doğurmamasını salık veren ya da oğullarını boşanmaya ikna etmeye çalışan kötü kalpli kaynanalarından hastanede oldukları süre boyunca uzak kaldıkları için rahat nefes alan çoktu. Bir senaryoda daha olan yine kadınlara oluyordu.

Neval Teyze'nin kaynanasının ona karşı küçümseyici konuşmalarına birkaç kez şahit olmuştum. Haksızlığa tahammülüm olmadığı için içten içe kaynanasına karşı öfke duyuyordum. Kadın arada Neval Teyze'nin kuyruğuna takılıp altın günlerine gelirdi. Bir keresinde yine bir altın günü ortamında, sırf Neval Teyze kötü hissetsin diye söylediğine emin olduğum birkaç cümle kurmuştu.

Gündeki kadınlardan birinin küçük çocuğu pastel boyalarıyla evin duvarlarını boyamış, bunu görünce çılgına dönen kadın çocuğu bir güzel pataklamıştı. Neval Teyze bu hikâyeyi duyunca, "Küçücük çocuk, nereden bilecek, keşke dövmek yerine güzellikle anlatsaydınız," demiş, bunun üzerine Külkedisi'nin anasını aratmayan kaynanası saniye sektirmeden lafa girmişti:

"Öyle değil işte, hani Nasreddin Hoca bana damdan düşeni getirin diyor ya, yaşamayan nereden bilecek, o anda insana sinir geldi mi pataklar vallahi. Çocuğu olmayan nereden bilecek tabii."

İğneleme amacıyla söylendiği son derece açık olan cümlelerin ardından "çocuğu olmayan nereden bilecek tabii" eklemesi gereksiz bir vurguydu. Kırıcı mesajı pekiştirme amaçlıydı. Zavallı Neval Teyze'nin birden yüzü düşmüş, "Ben çayları tazeleyeyim," diye mutfağa koşmuş, bir sandalyeye çöküp hüngür hüngür ağlamıştı.

Ben de asi ve öfkeli ergen beynimin bana verdiği yetkiye dayanarak mutfaktan aldığım çay tepsisiyle salona gitmiş, kötü kalpli cadının üzerine bile isteye çay dökmüş, "Hay Allah, neyse ki sizin de çocuğunuz var, böyle şeylere alışıksınızdır" diye sahte bir özür dilemiş, ardından bir bardak çay daha getirip onu da "yanlışlıkla" üstüne dökmüş, kadınların "aaaaa" sesleri arasında kaynanasını zıvanadan çıkarmıştım. *İlki günahsız Neval Teyze, ikincisi dayak yemelerini savunduğun günahsız çocuklar içindi kötü kalpli kaynana.* Olay esnasında göz ucuyla baktığım Neval Teyze'nin dudağının kenarına yerleşen belli belirsiz gülümsemeyi görmek, kaynanasının oturduğu bej renkli berjerimizden uzunca bir süre çıkmayan çay lekesine değmişti. Lekeyi her gördüğümde içimin yağları eriyordu. Koskoca kadınlar boylarından poslarından utanmadan birbirlerine laf sokarken, henüz beyin gelişimini tamamlamamış bir ergen olarak niye yaptığımdan utanacaktım ki?

İnsanlar nasıl bu kadar kötü olabiliyordu sahiden? Bir insanın elinde olmayan, biyolojik bir farklılıktan dolayı ona bu şekilde davranmak nasıl bir ahmaklık, ahmaklığın da ötesinde nasıl bir zalimlikti? Çocuk aklım bunu bir türlü almıyordu. Bu zulüm insana özgü olmalıydı. Hayvanlar âleminde bez bağlanan türbeler, özgüveni düşük öfkeli erkekler, gelinine laf sokan kaynanalar yoktu. O güne dek topladığım tüm doneler hayvanların bizden daha merhametli olduğuna işaret ediyordu. Hayvanın kendi türüne zulmettiği görülmemişti. Aynı türden hayvanlar birbirlerinin duygusal durumuna dikkat ediyor, biri kızgın olduğunda diğerleri onun yolundan çekiliyordu. Bazıları eşlerinin ölümünden dolayı acı çekiyor, bazıları üzüntüden ölüyordu. Neval Teyze'nin iri cüsseli kaynanası ruhen bir fil kadar duygulu değildi.

Elâlem terör örgütü Neval Teyze'ye uzunca bir süre "Çocuk ne zaman?" sorusunu ısrarla sormuş, zamanla sesler cılızlaşarak fısıltıya dönüşmüş, bir süre sonra da konu münhasıran dedikodu ortamlarına aktarılmak suretiyle tamamen kesilmişti. Muhtemelen aynı durumda biz de benzer bir muameleye maruz kalırdık. Can'la anlaşmıştık, asla bu konuda kimseyle kavga etmeyecektik. Etraftan çocuk yapmamız konusunda baskı oluşmaya başlarsa sakin kalacak ve "kısmet, hayırlısı, Allah bilir" gibi beylik sözler eşliğinde gülümseyerek konuyu geçiştirecektik. Uzlaşmak mümkün olmadığında, düşüncemizi gizlemek en mantıklı olandı.

Yine de bazen bir aile toplantısında bu sorunun bana sorulduğunu hayal ediyor, hayalimde verdiğim ilk cevapla soruların arkasını kesiyordum:

"Ee, çocuk ne zaman geliyor bakalım gençler? Elinizi çabuk tutun ha, yaşlar geçiyor, hah hah hah."

"Can'la ne zaman sevişeceğimizi mi soruyorsunuz Havva Teyze? Ne dersin hayatım, yan odaya mı geçsek? Elimizi çabuk tutalım, hah hah hah."

Böyle bir hayal kurmak bile bir nebze rahatlamamı sağlıyordu. Mizah, densizliklere karşı en iyi sığınaktı. Bazı insanların istese de böyle seçim şansı olmadığını acımasızca göz ardı eden, bazı kadınları eksik hissettiren, bazı kadınları yıllarca tüp bebek merkezlerinde çaresizce süründüren, bazı ilişkileri bitiren, aşkları zamansız öldüren bu anlamsız dayatmaya dayanamıyordum.

Üstelik çocuk istememek de son derece meşru bir seçimdi. Bu seçimi yapan kadını eksik ya da sorunlu addeden zihniyet bu çağda hâlâ nasıl bu kadar güçlü olabiliyordu? Bir kadının kendi seçimini yapmasından neden bu kadar korkuyordu insanlar? Muhtemelen kendileri de bu değerleri kabullendikleri sürece kabul görmüşlerdi. Sahip oldukları düşüncelerin kökenini sorguladıklarını sanmıyordum. Çoğunun düşünceleri kemikleşmişti. Kemikleri kırmak sorgulama ve cesaret gerektirirdi. Oysa onlar, muhtemelen, her sorguladıklarına "kemiklerini kırarım" tarzı tehditlere maruz kalmışlardı. Ben bunları düşünedururken, hayat her zamanki gibi kendi planlarını yapmaya devam ediyordu. Evlendikten bir yıl sonra hamile kaldım.

***

Planlanmamış bile olsa bir bebek her zaman mutluluk sebebidir. Hamilelik haberi, ailede ve elâlemde büyük şaşkınlığa ve rahatlamaya vesile olmuştu. Elâlem müessesesi için listedeki ikinci madde olan "Ee, bebek ne zaman?" sorusunun yanına artı işareti konmuştu. Hatta bu konuda beklediklerinden erken davrandığımız için muhtemelen bizi yeterince darlayamamış olmanın hayal kırıklığını yaşıyorlardı. Bir sonraki "kardeş lazım" aşamasına prematüre bir geçiş olmuştu. Tahminen, bebeğimiz dünyaya geldikten sonra "Emiyor mu?", "Bu çocuk bu havada böyle zibidi gibi sokağa çıkarılır mı?", "Zayıf mı sanki biraz, düzgün beslenmiyor tabii" gibi anlayış fışkıran cümleler kurmanın hayaliyle teselli buluyorlardı.

Hamilelik haberimle birlikte en çok rahatlayanların başında, kuşkusuz, anneannem geliyordu. Yıllar içinde monotonlaşan evlilik temalı atışmalarımıza hamilelik haberi yepyeni bir soluk getirmişti.

"İyi oldu iyi, sana kalsa daha çok beklerdik."

"Ee, sperm ile yumurta birleşme kararı verdiyse bize söz düşmez anneanne."

"Sen bu edepsizlikle nasıl çocuk büyüteceksin kız! Allah vere de babasına çekse."

"Bak bu konuda hemfikiriz işte anneanne. Keşke huyu Can'a çekse. O konuda senden bir miktar daha dua desteği isteyebilirim."

Anneannem dur durak bilmiyor, *elma yersen çocuğun güzel olur, ayva yersen benzi sarı olur, güzelleşirsen kız olur, çirkinleşirsen erkek olur, kalçan genişlerse kız olur, karnın sivri olursa erkek olur* gibi muazzam bilimsel açıklamalarının ardı arkası gelmiyordu. Hızını alamayıp konuyu kardeş muhabbetine getirmeye başlamıştı bile.

"Yaşın iyice geçmeden kardeş de lazım, tek çocukla olmaz."

"Maşallah anneanne, daha ilkini doğurmadan ikinci için atağa geçtin! Bir mola alsaydın, bir nefeslenseydin, bir bardak su içseydin, elini yüzünü yıkasaydın arada ya. Daha çocuk doğmadan prese başladın. Bu arada ikinci çocuk düşünmüyoruz, şimdiden haberin olsun."

"Kardeş şart."

Güldüm. Duvara konuşuyordum. Bizim neyi seçtiğimiz onu ilgilendirmiyordu. Hoş, ne onun düşündüğü ne de bizim istediğimiz bir şey ifade ediyordu. Beklenmedik zamanda hamile kalmama bakılırsa, hayatın benimle ilgili planları benim hayatla ilgili planlarımdan daha önemliydi. Yine de bu konuda işi sağlam tutmaya kararlıydık.

Anneannem çocukluğumdan itibaren sürekli evde kalacağımı söyleyip dursa da bazen kendisiyle çelişir, kızım olursa adını Güneş ya da Eylül koymamı isterdi. Neden bilmem, o konuşmayı yaptığı zamanlarda kendince hüzünlenirdi. "Yazın sıcağında doğarsa Güneş, güz yağmurlarında doğarsa Eylül koyarsın adını," derdi.

Sağanak yağışlı bir haziran gecesinin ortasında doğan kızımız için, "Güneş"ten daha meydan okuyucu bir isim olamazdı. Güneş ne zaman doğacağını kimseye sormaz. Sadece doğar.

İnsan her duyguyu belli bir yaşa kadar deneyimlediğini sanıyordu, oysa hayat insanı her cesur adımda yepyeni duygularla buluşturuyordu. O adımları atmadan varlığından haberdar olamayacağın, muhteşem ya da ürkütücü, varoluşunu zenginleştirmek için bekleyen bir duygu cephanesi vardı içeride. Güneş'in doğumu da bizi bilmediğimiz güzellikte duygularla buluşturmuştu.

Mutlu olmasına mutluydum ama doğumdan sonra geleneksel rollerin üzerime yıkılması konusunda endişe duymuyor değildim. Can böyle davranacak bir baba olmasa da bu henüz bir teoriydi. Pratikte ne olacağını bilmiyorduk. Kariyerlerimizde ikimiz de yükselirken bir tarafın fedakârlık yapması mı gerekecekti? O fedakârlık kadın olarak benden mi beklenecekti? Ilık suda yavaş yavaş ısıtılan kurbağa gibi, zamanla hayallerimden taviz vermeye başlayacak mıydım? Kadınların kadim kaderine teslim olacak mıydım? Annelik denen kutsallık giysisini kafama geçirip sesimi boğacaklar mıydı? Virginia Woolf'un bahsettiği Evdeki Melek'e mi dönüşecektim?

Acımasız ve zararlı bir yaratık olan Evdeki Melek'i öldürmeye hazır olmalısınız. Bu melek, benliğinden vazgeçmiş, herkesin ihtiyacını kendininkilerin önüne koyan, kendi işinin ehemmiyetsizliğine inanan fedakâr bakıcıdır.

Korkularım bir kez daha yersiz çıkmıştı. Evde bir melek varsa, o da Can'dı. Her zamanki olgunluğu ve şefkatiyle babalık rolünü de layıkıyla üstlenmişti. Güneş geceleri ağlayarak uyandığında çoğunlukla beni uyandırmaya kıyamayıp onu yatıştırmaya kendisi gidiyordu. Kızıyla oyunlar oynuyor, şarkılar uyduruyor, ona masallar okuyordu. Kızımızın dünyaya gelmesiyle birlikte ona daha da yakınlaştığımı hissediyordum. Bazen bu adamın gerçek olamayacağını, olsa olsa bir roman kahramanı olduğunu, bir gün aniden pufff diye yok olacağını düşünüyordum.

Bu sayede, Güneş doğduktan altı ay sonra okula dönebildim. Dönmeseydim yaşayacağım stres, ona verdiğim sütü burnundan getirecekti, biliyordum. Yine de akademisyenlik ile anneliği bir arada yürütmek kolay nane değildi. Uykusuzluğunu gizlemeye çalışmak, toplantının ortasında süt pompalamak için izin istemek, bebeğe bakacak kimse olmadığında konferanslara hayır demek çok zordu. Yıllarca neşeyle, avazım çıktığı kadar bağırarak söylediğim "çocuk da yaparım kariyer de" şarkısını duyduğum yerde tepem atıyordu. Şarkıyı söyleyen sanatçı bile kendisiyle yapılan bir röportajda o işlerin öyle şarkıda kulağa geldiği kadar kolay olmadığını anne olunca anladığını itiraf etmişti.

İşin başka bir boyutu daha vardı. Erkekler için çocuk sahibi olmak kariyer açısından bir avantajdı, "aile babası" imajı prim yapıyordu. Kadınlar içinse çocuk, kariyeri mahvetmek demekti. Yurtdışında akademik dünyada buna "bebek cezası" diyorlardı. Bebek sahibi olan kadın akademik kariyer basamaklarını çıkarken bir yerlerde tökezleyerek düşüyor ya da yara bere içinde ilerlemeye devam ediyordu. Bu nedenle kadın akademisyenler daha çok boşanıyor, daha az evleniyor, erkeklere göre daha az çocuk sahibi oluyordu.

Kariyer ile çocuğun hayatın aynı dönemine denk gelmesi kadınlar için talihsizlikti. Çoğunluk bir seçim yapmaya mecbur bırakılıyordu: Ya kariyer, ya çocuk. Her ikisini de seçersen bu sefer kendinden vazgeçmen gerekiyordu.

Ben her ikisini de seçenlerdendim. Neyse ki kendimden vazgeçme noktasına gelmeden etrafımda bir destek kalkanı oluşmuştu. Can, annem, babam, Neval Teyze, kayınvalidem, kayınpederim ve yer yer anneannemden mürekkep bir can simidim vardı. Yurtdışında kalmamış olduğum için şükrediyordum. Orada hiç kimsem yoktu. Şimdi, ailedeki herkes bir şeylerin ucundan tutuyor, Güneş'i onlara bıraktığımda gözüm arkada kalmıyordu. Cehennem dediğim başkalarının ateşi böyle zamanlarda içimi ısıtıyordu. Onlarla ilgili olumsuz düşüncelerimin yarattığı suçluluk duygusu da aynı anda içimde kısa bir gezintiye çıkıyordu.

O zaman "Cehalet mutluluktur" sözünün gerçek anlamını öğrenmeye çok az kaldığını da henüz bilmiyordum.

Ben'in temeli düşünce değil acıdır,
en temel duygu olan acıdır...
Acı keskinleşince dünya yok olur ve
her birimiz kendi kendimizle kalırız.
Acı, benmerkezciliğin büyük okuludur.

Milan Kundera, *Ölümsüzlük*

Tanrı, Tanrı, Tanrı, neredesin?
Seni istiyorum, sana ihtiyacım var.

Sylvia Plath, *Günlükler*

Anne olmak beni sakinleştirmiş, sivri köşelerimi yumuşatmıştı. Evlilik konusundaki önyargım da değişmişti. Ara sıra aklıma kötü örnekleri getirmeye devam etsem de geçtiğimiz her sınavda şüphelerim gücünü biraz daha yitiriyordu. Can haklıydı. Hayatı teoriler üzerinden yaşıyordum. O güne dek köşe bucak kaçtığım evlilik, bir hapishane olmaktan çok uzaktı. İçine girdiğimiz kabuk giderek daralmak yerine gelişip güzelleşiyor, yavaş yavaş ev olmaktan çıkıp yuvaya dönüşüyordu.

Yatak toplanmadığı için kimsenin boşanmayı düşünmediği, herkesin ihtiyaç duyduğunda kendi köşesine çekilip kendine zaman ayırdığı, sorumlulukların memnuniyetle paylaşıldığı, kimsenin birbirini çiğnemediği, birlikte olunan zamanlarda huzuru iliklerine kadar hissettiğin bir yerdi burası. Birbirine dizlerindeki yaraları gösteren iki küçük çocuk gibi kusurlarımızı birbirimize gösterebilmenin rahatlığında buluşmuştuk. Bunun adı şefkatti. Evi yuva yapan, bu şefkatti. Belki de evlilik ve yuvalılık iki ayrı kavram olmalıydı. Neval Teyze ve Muhittin Amca'nınki evlilikse, Sylvia ve Ted'inki evlilikse, bizimkinin başka bir adı olmalıydı. Bize "evli" yerine "yuvalı" denmeliydi mesela.

Güneş üç yaşına geldiğinde ailece ilk yaz tatilimize çıktık. Ege'de çılgın kalabalıktan uzak, deniz kıyısında sakin, şirin bir butik otel bulmuştuk. Can birkaç gün kalıp bir ödül töreni için Ankara'ya gidecekti. Kısa da olsa ailece mola vermek güzeldi.

Oteldeki ilk sabahımızda fazla vakit kaybetmeden kendimizi plaja attık. Güneş, kırmızı-beyaz puantiyeli mayosuyla kuma oturmuş, elinde kovası ve küreğiyle kendi kendine bir şeyler mırıldanarak oyun oynuyordu. Can ve ben şemsiyenin altında biraz elimizdeki kitaba, biraz birbirimize, biraz Güneş'e bakıyorduk. Elâlemin meşhur tabiriyle, hayat bize güzeldi.

Mekânın anlam ve önemine uygun olarak Haruki Murakami'nin *Sahilde Kafka* romanını seçmiştim. Yazarın ilk okumam gereken romanının bu olduğunu söylemişlerdi. Nedenini sormadan kabul etmiş, daha ilk sayfalardan üslubunu çok sevmiştim:

> *Yerine göre kader dediğimiz şey, dar bir yerde sürekli yönünü değiştirerek dönüp duran bir kum fırtınasına benzer. Sen de ondan kurtulmak için bastığın yeri değiştirirsin. Bunun üzerine kum fırtınası da sana ayak uydurmak için yönünü değiştirir. Bir kez daha bastığın yeri değiştirirsin. Tekrar tekrar sanki şafaktan hemen önce ölüm tanrısıyla yapılan uğursuz bir dans gibi aynı şey tekrarlanıp gider. Neden dersen, fırtına uzaklardan çıkıp gelmiş herhangi bir şeyden farklıdır da ondan. O fırtına aslında sensindir. O yüzden yapabileceğin tek şey ayağını fırtınanın içine daldırarak, gözlerini sımsıkı kapatıp fırtınanın içinden geçmektir. Orada muhtemelen ne güneş ne de ay, hatta ne yön ne de zaman vardır. Orada kemikleri bile parçalayacak kadar keskin kum tanecikleri gökyüzünde dans eder!*

Muhteşem anlatım kalp atışımı hızlandırmıştı. Ne zaman iyi bir kitaba denk gelsem aynı şey oluyordu. Yıllar içinde bunu kaybetmemiş olmaktan mutluydum. Hayatta iyi yazılmış bir kitap kadar zevk veren çok az şey vardı. Murakami'nin fırtına tasvirini keyifle okumaya devam ettim:

> *Sonra sen gerçekten de onun içinden geçip gideceksin. Sonra o kum fırtınası bittiğinde nasıl olup da onun içinden geçebildiğini, nasıl hayatta kalabildiğini tam olarak anlayamayacaksın. Hayır, o fırtına gerçekten bitti mi bunun bile farkına varamayacaksın. Yalnız tek bir şeyden emin olacaksın. O fırtınanın içinden geçtikten sonra fırtınanın içine adım attığındaki kişi olmayacaksın, artık aynı kişi olmayacaksın. Evet işte kum fırtınasının anlamı bu.*

Hayatın türlü zorluğunun içinden geçerek yola devam etmek ancak bu kadar güzel bir metaforla tasvir edilebilirdi. İnsan kumlarda tasasız güneşlenirken kum fırtınası fikri ne kadar da uzak görünüyordu... Can'a baktım. Biz de bu aşamaya gelene kadar türlü zorluklar atlatmıştık. Kum fırtınasının içinden geçip başka bir yere ulaşabilmiştik. Murakami'nin dediği gibi, artık aynı kişi olmadığımı hissediyordum.

Kitabı şezlongun yanına koyup bedenimi güneşin kollarına bıraktım. Dalgaların sesine fonda eski şarkılar eşlik ediyordu. Duymayı hiç beklemediğim bir şarkı çalmaya başladı. Küçüklüğümün popüler dizisi *Dallas*'ta, Bobby rolündeki uzun boylu yakışıklı Patrick Duffy ile ufak tefek Fransız şarkıcı Mireille Mathieu'nun düetiydi bu: "Together We're Strong." Adamı da, şarkıyı da çocukken çok severdim. Aniden çocukluğuma geri dönmüştüm. Şarkıların ve kokuların birkaç saniye içinde zamanda yolculuk yaptırabilme gücü inanılmazdı.

"Bu şarkıyı biliyor musun Can?"

"İlk kez duydum."

"Dinlemeyeli yüz yıl olmuştur. İlk çıktığında küçücüktüm. Gerçi bu ikilinin neden düet yaptığını hiçbir zaman anlamadım. *Dallas*'taki Bobby'le Fransız şarkıcının birlikte ne işi var? Nerden akıllarına gelmiş düet yapmak acaba? Ama çok güzel şarkı."

"Belki de alakasız oldukları için güzel olmuştur. Zıtlıktan doğan uyum."

"Olabilir. Bobby'e âşıktık çocukken. Bir Bobby, bir de Erol Evgin. Zaten başka kimseyi gördüğümüz yoktu tek kanallı televizyonda. Aslında düşününce birbirlerine benziyorlar. Yakışıklılık ve efendilik bir arada. Şimdi pek kalmadı bu kombinasyon. Babalarımızla bağlantı kurup böyle tipleri çekici buluyorduk belki de. Bizim kuşağın babaları bir başkaydı, karakterli adamlardı."

"Sağ ol hayatım, iltifatın için çok teşekkür ederim."

Gülerek Can'ın yanağından makas aldım.

"Ya aşk olsun, tabii ki sözüm meclisten dışarı. Senin eline kimse su dökebilir mi aşkım? Bildiğin kanatsız meleksin, anneannem bile laf söyletmiyor."

"Dökemez, haklısın. Yalnız bu şarkının karşımıza çıkması enteresan cidden. Daha geçenlerde internette adamla ilgili bir habere rast geldim. Patrick Duffy'di adı, değil mi?"

"Evet. Neymiş haber?"

"Galiba *Dallas*'ta oynadığı dönemde annesiyle babası bir bar işletiyormuş. Bir gün bara ergenler geliyor. Karı koca 'Size alkol satamayız' diyerek çocukları geri gönderiyorlar. Sonra çocuklar başka bir barda içmeye gidiyor. Geri gelip ikisini de vuruyorlar."

"Ne diyorsun ya? Offf... Çok trajik."

"Sonra Bobby kendinden on yaş büyük bir kadınla evleniyor, o kadın da bir süre sonra bir hastalıktan ölüyor. Acı üssüne acı adamın hayatı. Evlendiği kadın Budistmiş, Bobby de kadından dolayı Budizme dönmüş. O şekilde ayakta durmaya çalışmış yıllarca."

"Vay be, ne hayatlar var! Yalnız genelde trajik hikâyeler bende olur. Seni de kendime benzettim sonunda."

Gülerek o sırada ona bakan Güneş'e el salladı.

"Bir fark var ama. Senin hikâyelerinin kahramanları trajediyi kaldıramayıp hayattan vazgeçiyor. Bu adam hayata tutunmuş. Şimdi yine çok mutluymuş."

"Ay çok sevindim onun için, akrabammış gibi. Ben ne yapardım öyle bir durumda bilmiyorum."

"Ünlü insanlardan trajik hayat hikâyesi beklemiyorsun. Parıltılı hayatlara dışarıdan bakıp hayalimizde mükemmel bir imaj yaratıyoruz. 'Ben niye böyle bir hayat yaşamıyorum?' diye yakınıyor birçok insan. Halbuki kendi sıradan hayatlarımız birçok yönden imrenilesi."

"Öyle. Sonuçta felaketler eşitlikçi, insan seçmiyor. Yine de insanız işte, dünyanın çoğundan daha avantajlı bir yerdeysek adaletin bizim için hep işleyeceği illüzyonuna kapılıyoruz. Açıkça söylemese de çoğu insan kendi hayatının tılsımlı olduğuna inanıyor bence. Her şeyin hep iyi gideceğine... Bir kitap okurken bile hikâye bir anda bambaşka bir yöne saparsa 'Bu kadarı da saçmalık' diye düşünüyorsun. Ama aslında hayatın gerçekleri tam olarak böyle. İnsanın kendi başına gelmediği sürece hikâyenin birden değişmesi saçma görünüyor. Aman neyse boş ver, nazar değdireceğiz, güzel şeylerden konuşalım."

Şezlongun yanında duran beyaz, tahta sehpanın kenarına vurdum.

"Bakıyorum konu ağırlaşınca batıla saptın hemen hayatım."

"Böyle şeyleri konuşunca hep bana kızmıyor musun? Şuraya iki günlüğüne gelmişiz, tadını çıkaralım.

"Tamam, haklısın. Şöyle güzel, kocaman bir tabak patates kızartması söyleyelim mi?"

"Off, süper. Yanına da buz gibi iki kola. Güneeeeş, dondurma ister misin kızım?"

İlerideki bar taburesinde oturan garsonun cep telefonundan kafasını kaldırmasını bekleyip ilk göz temasında el salladım. Elimle "menü" işareti yaptım.

"Perşembe günü trenin kaçta bu arada?"

"Hatırlamıyorum, bakarım. Hiç de gidesim yok. Uçak, tren, akşamına tören yorucu olacak. Ödül falan gereksiz işler aslında ya, neyse."

"Heyecanlı mısın?"

"Yok ya, niye heyecanlanayım. Sonuçta atomu parçalamadım, projede başarılı oldum diye takdir plaketi verecekler. Zaten işini iyi yapmak niye ödül gerektiriyor anlamıyorum."

Can'a bir insan olarak bu kadar saygı duymamın başlıca nedenlerinden biri, evladına gösterdiği özeni işine de göstermesiydi. Bunu ahlaki bir gereklilik olarak görmesiydi. *Bu adama resmen âşığım* diye geçirdim içimden.

"İşte bu ya, bu ya! Senin şu etik anlayışının hastasıyım. Kaç kişi şöyle düşünüyor acaba? Herhalde çok az sayıda olduğunuz için geri kalan bezgin çoğunluk motive olsun diye ödül veriyorlar size."

"Haksızlık etme. Ben işimi seviyorum, birçok insan sevmediği işi yapmak zorunda kalıyor, sorun burada."

Aklıma yıllar önce New York'ta öğrenciyken korkunç bir akşam geçirdiğim beyin cerrahı geldi. Sevmediği işi yapmanın yüzünde yarattığı hüzünlü ifade dün gibi aklımdaydı. İşini gönülsüzce yapan insanlar ya o yola itilmişti ya da başka seçeneği olmadığına inandırılmıştı. Başka bir seçenek olmadığına bir türlü ikna olmuyordum, çoğu insan, ne olursa olsun, kendi yolunu inşa edebilecek güce sahipti:

"Biliyorum ama bence yine de insan kendi yolunu seçebilir. Bir tane hayatın var, onu da işe ayakların geri geri giderek yaşamak çok korkunç geliyor bana."

O sırada garson menüyü getirdi. Siparişlerimizi verip şezlonglarımıza uzandık. Kitabıma çekilmeden önce son kez Can'a takıldım:

"Yalnız ödül performansı düşürüyormuş diye okumuştum bir yerde, ona göre, bu son ödülün olabilir hayatım."

Gülüştük. Can doğruldu:

"Ben şimdi bir baba olarak kızımın kumdan kulesine yardım etmeye gidiyorum. Belki annesi de bana performans ödülü verir."

Deminden beri yanımızda oynayan Güneş kovaya doldurduğu deniz suyunu babasının ellerine boşalttı.

"Ben eyine su dökeyim baba."

Can'la kahkahayı patlattık. Çocukların yanında konuşulan her şeye dikkat etmek gerekiyordu. Her şeyi dinleyip hayal dünyalarının sınırsızlığı içinde kendilerince yorumluyorlardı. Can, Güneş'in yanağına şapp diye kocaman bir öpücük yapıştırdı:

"Ohh! Aferin benim tatlı kızıma! Ne güzel de su dökermiş babasının eline."

Baba kız kumda oynamalarını izledim. Bin bir emekle yaptıkları kumdan kaleyi dalgalar bir anda götürünce Güneş ağlamaklı bir ifadeyle Can'a baktı. Can gülümsedi:

"Hay Allah! Çok da uğraşmıştık, değil mi kızım? Hadi gel daha güzel, daha güçlü bir kale inşa edelim, ne dersin?"

Yüzü düşen Güneş babasının heyecanını görünce toparlanmış, yüzü yeniden aydınlanmıştı. Bu adam gerçek miydi? İnsan hayatta başka ne isterdi ki? Sıradan görünen bu an parıltılı hayatın ta kendisi değil miydi? Parıltı bu değilse neydi?

"Can..."

"Efendim hayatım?"

"Teşekkür ederim. Her şey için..."

"Anladım" diyen bir bakışla gülümseyip Güneş'le oynamaya geri döndü.

Teşekkür ederim. Seni tanımasaydım belki de bir kabuğun içinde kendi başıma yaşayıp gidecektim. Kendi kendime ördüğüm duvarların arkasında Güneş'in sıcağını bilmeden yaşayacaktım.

Bir kez daha tahtaya vurdum. Böyle zamanlarda bilimselliği rafa kaldırıp otomatik pilottan batıl inançlara dönmek beni güldürüyordu. İçe işleyen bazı alışkanlıklar öyle güçlüydü ki bilimsel düşünce o anlarda saygıyla kenara çekiliyordu. Tahtaya vurmak Türk âdeti sanıyordum ama merak edip araştırdığımda Batı'da da yaygın bir Şaman geleneği olduğunu okumuştum. "En gelişmiş benim" diyenin içinde bile güçlü bir batıl yaşıyordu. Paganlar ağaçları tanrıların evi olarak görüyor, dilek dilerken ağaca vurarak içerideki tanrıya seslerini duyurmaya çalışıyorlardı. Dünyanın neresinde olursa olsun insanların ihtiyacı aynıydı; herkes sesinin duyulmasını istiyordu.

Sehpaya vurmadan önce ağzımı öpücük yapar gibi büzünce, o sırada bana bakan Güneş de avucunun içine kondurduğu öpücüğü bana gönderdi. Gülümsedim.

Çocuk saflığı ne kadar dinlendirici. Canım kızım benim, Güneşim, güzel yavrum. Can'ım, sevgilim.

Bugüne şükürler olsun.

İlk belirlemelere göre biri çocuk 11 kişinin hayatını kaybettiği tren kazasında ciddi bir ihmal olduğu tespit edilmiştir.
Demiryolu hattı yapılırken göçme, çökme ve tabaka kayması ve boşalmasıyla ilgili bilgiler göz ardı edilmiştir. Gerekli kontroller yapılmamıştır.
Kaza, ciddi bir mühendislik hatasına işaret etmektedir.

Kızımla birlikte babası akşam eve dönecek diye kek yapmıştık. Ben kek malzemelerini tezgâha koymuştum, kızımız karıştırmıştı, bizim kızımız. Yumurtaları, şekeri, kabartma tozunu boşaltmıştı kabın içine. "Baba için kek yapıyoruz," *demişti sevinçle.*

Haber geldiğinde kek hâlâ pişmeye devam ediyordu. Mutfak penceresinden içeriye güneş dolmuştu, balkondaki kırmızı sardunyalar çok güzeldi, Güneş babası geleceği için turuncu çiçekli beyaz elbisesini giymişti, evin içi mis gibi kek kokuyordu, pencereden masmavi gökyüzünü görüyorduk, bulutlar bembeyazdı. Kekin içine üzüm de atmıştık. Can çok severdi kuru üzümü. "Severdi." *Çünkü artık Can yok. Artık Can'lı cümleler di'li geçmiş zamanda.*

Neden biliyor musun?

Sen işini iyi yapmadığın için mühendis, işini sevmediğin için.

Can'ı geçmiş zamana sen hapsettin.

Geniş ve gelecek zamanlarımızı çaldın bizden.

Hadi gel, küçüklüğüne dönelim mühendis. "Büyüyünce ne olmak istersin"*i ilk kez sordukları ana dönelim. Sen* "Büyüyünce dansçı olmak istiyorum" *dediğinde babanın kaşlarının çatıldığı, annenin kahkahayı patlattığı o ana... Hayal bile kurmana izin vermeden kelimelerinin üzerinden dozerle geçtikleri, seni inşa ederken göçme ve çökme ihtimalini göz ardı ettikleri o kahrolası ana geri dönelim. Alay edildiğin, gururunun kırıldığı, biri gülüp diğeri kızdığı için ne hissedeceğini kestiremediğin, bir daha ne olmak istediğini sorduklarında susmaya karar verdiğin cinayet mahalline geri dönelim.*

Hatta daha da öncesine dönelim mühendis. Seni ben doğurayım, annen ben olayım. Seni koşulsuz seveyim, sen konuşurken can kulağıyla dinleyeyim, senin sen olmana izin vereyim, seni olduğun halinle kabul edeyim, senin mutlu olma ihtimaline gönül vereyim.

Seni öyle çok seveyim ki, ne istersen onu yap, kimseyi mutlu etmek için değil kendin için yap, neyi seçersen seç seni sevmekten vazgeçmeyeceğimi bilerek yap. Seni öyle çok seveyim ki, kendin olma cesaretin olsun.

Hatta daha da öncesine dönelim mühendis. Babanı ben doğurayım, babanın anası ben olayım. Onu öyle bir seveyim ki, onu öyle bir sayayım ki, özünü keşfetsin diye öyle destek vereyim ki, gönlünden ne geçiyorsa o yolda ilerlesin. İstemediği yollara sapmasın. Olmak istemediği kişi olmasın. Aynaya her gün kendinden nefret ederek, hayata küfrederek bakmasın. Babanı öyle bir seveyim ki, o da bir gün ananı sevebilsin, ama gerçekten sevebilsin. Sonra seni getirsinler bu dünyaya. Sana küçükken sorsun baban, "Büyüyünce ne olmak istersin oğlum?" *Hatta dur,* "Büyüyünce ne yapmak istersin?" *diye sorsun soruyu. Öyle sorsun ki bir şey olmak değil gönlündekini yapmak üzerinden şekillensin cümlelerin, cümlelerin üzerinden şekillensin hayallerin, hayallerin üzerinden şekillensin hayatın.*

"Büyüyünce ne yapmak istersin canım oğlum?"

"Dans etmek, özgürce, uçarak dans etmek baba!"

Babanın gözleri parlasın, "Anlat oğlum" *desin,* "ne güzel hayal bu". "Nasıl dans edeceksin göster bakalım" *desin, gü-*

lümseyerek hayalini daha çok anlatmanı istesin, sen uçarak dans et salonun etrafında, baban alkışlasın, annen sana katılsın, hep birlikte dans edin, hep birlikte gülün, eğlenin, alay etmesinler seninle, "Sen neyi seçersen seç ben hep yanındayım oğlum" *desin baban,* "Sen ne yaparsan yap hiçbir şey seni sevmeme engel değil" *desin,* "Sen her halinle değerlisin, sen çok değerlisin canım oğlum, bunu hiç aklından çıkarma!"

Değerli olduğunu hisset o anda mühendis, tam hisset, özgür hisset, mutlu hisset, "Yaşamak güzel" *desin çocuk kalbin,* "Seviliyorum" *desin,* "Değerliyim" *desin, desin ki hayallerin ölmesin, hayallerin ölmesin ki sen ölme, sen ölme ki Can ölmesin.*

O anda istediğin yolda yürüyecek güçte olduğunu hisset mühendis. Anandan babandan ayrı bir insan olduğunu anla, bu hayatın senin olduğunu anla, sevildiğini anla, olduğun gibi kabul gördüğünü anla. Sırf babanın kaşı çatılmasın, anan seninle alay etmesin diye girdiğin o yola sakın girme. Ayakları her gün işe geri geri giden, yaşadığı hayattan nefret eden, gerçekleşmemiş potansiyelinin acısını yarım ağızlı işler yaparak çıkaran sefil bir mühendis olma.

Yalvarırım sana, mühendis olma.

Yalvarırım o tren yolunun rayını döşeme.

Yalvarırım döşediğin rayın üzerinden tren geçmesin.

Yalvarırım trenin içinde çocuklar olmasın, masum insanlar olmasın.

Yalvarırım trenin içinde Can'ım olmasın.

Yalvarırım!

Önce senin hayallerini öldürdüler, şimdi benim canımı aldılar. Canım gitti.

Baban sen dansçı olmak istediğini söylediğinde kaşlarını çattığı için,

Anan sana kahkahalarla gülüp alay ettiği için,

Sen onların onayını almak için,

onların hayallerini gerçekleştirmek zorunda olduğunu düşündüğün için,

Onların yolundan gittiğin için,

Sen olmayı seçmediğin için,

Seçmediğin yolda zoraki yürüdüğün için

Bugün Can yok!

Canın cehenneme mühendis!

Sana dayatılanı kabul ettiğin, boyun eğdiğin için canın cehenneme!

Kendi hayatının katili olduğun gibi başka hayatların da katilisin.

Sorumluluğunu al bunun mühendis, mağduru oynama!

Mağduru oynayarak mağdur ettiğin onca hayatı hiçe sayamazsın!

Ya sen Can? Nasıl gidersin? Böyle mi gidilir?

Kötü bir romanın baş kahramanı mısın sen Can?

Keşke beni aldatsaydın, boşansaydık.

Keşke benden gizli bir hayat yaşadığını öğrenseydim,

Keşke sevgilin olduğunu öğrenseydim, "Defol git bu evden!" *diye gözyaşları içinde kovsaydım seni,*

Keşke erkek sevgilinle birlikte yakalasaydım seni, kaderime bir gülüp bir ağlasaydım.

Keşke hırsızlık yapsaydın, dünyanın en büyük dolandırıcısı olduğunu öğrenseydim, sıraladığın yalanlar ortaya çıksaydı, hapislerde çürüseydin, sana yemek getirseydim.

Keşke bir yerlerden düşseydin, bir yerini kırsaydın, ömür boyu yatalak kalsaydın, sana baksaydım, elimle besleseydim seni,

Keşke bitkisel hayata girseydin, sadece nefes alsaydın, sadece nefes alıp verseydin,

Keşke çalışmasaydın, sana ben baksaydım, hiçbir yere gitmeseydin, sana ödül vermeselerdi, keşke evde kalsaydın,

Keşke evde kalsaydım, seni hiç tanımasaydım, anneanne hani evde kalacaktım, neden yalan söyledin! Yalancı, evde kalacaktım hani!

Ölmeseydin de ne bok yersen yeseydin Can!

Ölünür mü Can, nasıl ölürsün, biz böyle mi söz verdik birbirimize,

nasıl gidersin Can, nasıl bırakırsın bizi?

Zavallısın Zeynep, sen kimsin ki isyan ediyorsun?

Çocukların ölü bedenlerinin kıyıya vurduğu acımasız bir dünyada sen kimsin?

Çocukların savunmasız bedenlerinin tecavüze uğradığı bir dünyada sen kimsin?

Çocukların tren kazasında öldürüldüğü bir dünyada senin acının ne anlamı var?

Can nasıl gidersin?

Neden ben? Neden sen? Neden biz? Neden Güneş?

Sylvia kafasını mutfaktaki fırına soktu, evin içi gaz kokuyordu. Sylvia çocuklarına süt ve kurabiye bıraktı. Dolapta süt var. Mutfakta fırın var. Fırında kek var.

Yok, Güneş'i bırakamam ben.

Güneş'e kıyamam ben.

Bazı anneler çocuklarına süt, sevgi ve hayallerle dolu bir gelecek verir.

Bazı anneler süt ve kurabiye verip çekip gider.

Bazı anneler kendisiyle birlikte çocuğunun geleceğini tamamen ortadan kaldırır.

Bazı anneler için için ölür çocuğuna hissettirmeden.
Ah anneler, ne çok yandı canınız.
Hep sizin canınızı yaktılar.
En çok sizin canınızı yaktılar.
Canları cehenneme!
Ah anneler!
Anne, kabuğum yok oldu, derim yanıyor.
Kumlar gözümün içini yakıyor.
Anne, kabuğum gitti, anne bana kabuk ol.
Fırına dokunma kızım.
Elini fırına sürersen cıs olur.
Bu hikâye böyle mi bitecekti Can?
Hani biz sıradandık?
Neden biz sıradan değiliz?
Neden biz bu kadar sıradanız?
Hayat neden adil değil?
Hayat neden bu kadar adil?
Babası kızma, bırak dans etsin.
Annesi gülme, bırak dans etsin.
Sakın elini raylara sürme.
Elini raylara sürersen cıs olur.
Fırından uzak dur kızım,
Fırına dokunursan cıs olur.
Ama anne, canım çok yanıyor.
Devam et kızım,
Anne bana kabuk ol,
Devam et kızım,
Anne ölüyorum,
Devam et kızım,
Sadece devam et,

Dans etmeye devam et,
yürümeye devam et,
nefes almaya devam et...
Geçecek,
güven bana,
devam et kızım,
hadi,
devam et.

HAYATIN 2. BÖLÜMÜ

Neden devam etmeli ya da neden
devam edemiyorum değil mesele,
esas olan şu,
nasıl devam etmeli?

George Perec, *Doğdum*

To each his suff'rings: all are men,
Condemn'd alike to groan,
The tender for another's pain;
Th' unfeeling for his own.
Yet ah! why should they know their fate?
Since sorrow never comes too late,
And happiness too swiftly flies.
Thought would destroy their paradise.
No more; where ignorance is bliss,
'Tis folly to be wise.

Thomas Gray,
Ode on a Distant Prospect of Eton College

İnsan acı çekmemek için tasarlanmış bir varlık olsaydı, en az iki beyni, iki kalbi, iki midesi olurdu. Bir beyni iptal olduğunda diğeri işlerini yapmasına imkân tanır, bir kalbi kırıldığında diğeri acımadan atmayı sürdürür, bir midesine bıçak saplandığında diğeri yemeye içmeye devam ederdi. Bu organlardan her bedende sadece birer tane olduğuna göre insan için acı çekmek yaşamsal olmalıydı. Belki de yaşamaya devam etmek için acıdan anlam devşirmekten başka bir seçeneğimiz olmayınca buna inanmaya mecbur kalmıştık.

İnancın ötesinde ilginç bir gerçek de vardı: İnsan acıdan anlam kurgulasın ya da kurgulamasın, yaralar geri planda, düşünceleri umursamadan, usul usul iyileşmeye devam ediyordu.

Can'ın ani ölümünün üzerinden iki yıl geçmişti. Tren kazasının sorumluları uzun süren dava sürecinin ardından ağır cezalara çarptırılmıştı. Kendimden çok çocuklarını kaybeden anneler adına içime bir nebze su serpilmişti. Küçük tabutlar taşıması en ağır olanlardır. Oğlunun katillerinin cezalandırıldığını görmek için aylarca mücadele veren bir annenin buruk sevinciyle teselli bulmuştum.

Adalet kaybın acısını dindirmez, adaletsizliğin acısını dindirir. Kabuğu yerle bir edilmiş, yakıcı güneşin altında kavrulmaya terk edilmiş, derisiz bir keşiş yengeci gibi kalakalmıştım. İçimde benimle birlikte her yere gelen bir oyuk peyda olmuştu. Yürümek, konuşmak, hareket etmek canımı yakıyordu. Boşluk duygusu bedenimin, hayatımın her alanına metastaz yapmıştı. Boşluğun bir ağırlığı yok sanırdım, meğer boşluk duyguların en ağırıymış.

Neden ben? Aklımdan bu soru her geçtiğinde, kazada oğlunu kaybeden anne beliriyordu hayalimde. Kadın kazada hem oğlunu, hem eşini kaybetmişti üstelik. "Neden ben?" ne kadar kibirli ve bencilce bir soruydu. Dünyanın en muhteşem adamıyla tanışıp evlendiğimde *neden ben* diye sormuş muydum? O güne dek yaşadığım güzelliklerde *neden ben* diye sorgulamış mıydım? Başka insanların evlatları türlü hastalıklarla dünyaya gelirken çocuğum sağlıklı doğduğunda *neden ben* demiş miydim? Sahip olduğum iyi ve güzel ne varsa sorgulamadan kabullenmiştim o güne kadar. Şimdi felaket kapıyı çaldığında *neden ben* diye sorgulamaya hakkım var mıydı?

Hayat, içinden antepfıstıklarını seçip yiyeceğim bir çerez kâsesi değildi. O güne dek bütün fıstıkları toplamış, ağzımın lezzeti yerindeyken bir kere bile *neden ben* diye sorma zahmetine girmemiştim. Şimdi fıstığın kabuğu dişimi kırdı diye sızlanıyordum. Kabuk da fıstığın parçasıydı oysa. Ben kabuğu hesap etmemiştim. Fıstık gibi hayatlarımız olduğuna inanmak, kötü şeylerin sadece başkalarının başına geleceğini düşünmek ahmakça bir illüzyondu.

Can'la yüz yüze yaptığımız en son konuşmayı hatırlayınca tüylerim diken diken oluyordu. Ona hayatların tılsımlı olduğuna inanmanın saflık olduğunu söylerken bile gerçeğe dönüşebileceğini aklımın ucundan geçirmemiştim. İçten içe hayatımızın dokunulmaz olduğuna inanmaya devam ederek söylemiştim o sözleri, samimiyetsizliğimi şimdi fark ediyordum. Adalet asla ayrımcılık yapmayacak kadar eşitlikçiydi. Çocuklarını kazada kaybeden anneler, amansız bir hastalığın pençesinde yıllarca mücadele verenler, okula gönderilmeyen kız çocukları, çocuk gelinler, yoksulluk içinde hayatta kalmaya çabalayanlar, haksızlıklar sonucunda yıllarca mahkûm edilip hayatı çalınanlar, faili meçhul cinayetlere kurban gidenler, tecavüze uğrayan çocuklar, cami avlusuna bırakılan bebekler, anneleriyle birlikte hapishane hayatı yaşayan yavrular için hayat ne kadar adilse, bizim için de o kadar adildi. Sadece zamanlama herkes için farklıydı, o kadar. Herkes kendi payına düşen acıyı zamanı gelince yaşıyordu.

Ayakta durmak için Güneş'in varlığına tutunmuştum. Uçurumdan aşağı yuvarlanırken takıldığım, yere çakılmamı engelleyen daldı kızım. Devam etmek için nedenim vardı olmasına da çaresizce *nasılı* arıyordum. *Nasıl devam ederim?* Dalı tutmaya çalışan ellerim çok güçsüzdü, yorulmuştum, düşmek üzereydim.

Tuhaf bir biçimde Murakami'nin vaadine bel bağlamıştım. Ellerimi boşluğa bırakacak olduğumda aklıma sürekli *Sahilde Kafka*'da okuduğum cümleler geliyordu. "Sonra sen gerçekten de onun içinden geçip gideceksin. Sonra o kum fırtınası bittiğinde nasıl olup da onun içinden geçebildiğini, nasıl hayatta kalabildiğini tam olarak anlayamayacaksın."

Bir Japon yazarın romanındaki birkaç cümleye sığınarak güç toplamak garipti, hatta trajikomikti. Yine de ona güveniyordum. Nereye gittiğimi görmeden, cılız bir inançla, kabuksuz gövdemle, parçalanmış kemiklerimle, fırtınanın içinden yürümeye devam ediyordum. Gece yastığa başımı koyduğum an en kötüsüydü, gün boyu bastırmaya çalıştığım düşüncelerin istilasına uğruyordum.

Hayat, ettiğim büyük lafları kocaman lokmalar halinde boğazımdan aşağı ittiren hoyrat bir anneydi. Beni en bilmediğim yerlerden sınayan acımasız bir öğretmendi. Varlığımı defalarca yeniden şekillendiren ani ve adi manevralar ustasıydı. "Yapmam, hissetmem, bilmem, istemem" dediğim ne varsa önüme fırlatıp tükürdüğümü yalamamı zevkle izleyen bir ego terbiyecisiydi. Evliliğe burun kıvırırken üstüme gelinliği giydirmiş, uzun süre çocuk yapmayacağım derken Güneş'i kollarıma vermiş, birlikte mutluyuz diye düşünürken sevdiğimi yanımdan almış, teselliyi o güne dek tepeden baktığım insanların kollarında aratmıştı.

Hayatın yeni tanıştığım gerçeklerini kabullensem de derin bir yalnızlık hissediyordum. Hep yücelttiğim, korumak için mücadele ettiğim yalnızlık, ilk kez berbat bir duygu kılığında karşıma çıkmıştı. Yalnız olmakla yalnız hissetmek arasındaki farkı hiç bu kadar yoğun yaşamamıştım. Benim için o güne dek seçilmiş bir lüks alanı olan tekillik şimdi acıya eşti. Beklenmedik bir zamanda ziyarete gelip bir türlü gitmek bilmeyen, hayatıma çöreklenen sevimsiz bir akraba gibiydi. Güneş'e, işe, eşe dosta ne kadar sarılsam da yalnızlığım hep yanı başımdaydı. Kendimi sürekli bir şeylerle meşgul ederek kaybımla yüzleşmekten kaçsam da o, "İşin bitince ben buradayım" dercesine tepemde dikiliyordu.

Haşlanmış suya atılan patates gibiydim. Suyun yakıcılığı artınca ilk darbede dağılacak kadar güçsüz düşmüştüm. Dayanıklılık sanrım, kendine yeten güçlü kadın imajım gerçeklikle test edildiğinde yerle bir olmuştu. Boşluğun beni bu kadar aşağı çekmesine izin vermek kendime olan saygımı sarsıyordu. Bir daha hiçbir şeyin düzelmeyeceğinden korkuyordum.

***

Bir gün işten eve döndüğümde salonda annem dalgın halde örgü örüyor, Güneş yere oturmuş, elindeki bebeklerle oyun oynuyordu. Bebeklerden birini anne, birini çocuk yapmıştı:

"Sen artık hiç gülmeyen annesin, benim eski annem değilsin, ben eski annemi istiyorum."

"Senin eski annen gitti. Ben artık hiç gülmeyen yeni anneyim."

"Ühüüü, çok mutsuzum. Annemi istiyorum ben!"

Beynimden vurulmuştum. Güneş'in sözleri tokat gibi yüzüme inmişti. Çocukların oyunları sadece oyun değildir, gerçek hayatın simülasyonudur. "Çocuk oyununa akıl erdirmekle karşılaştırıldığında atom fiziğine akıl erdirmek çocuk oyunu" sözü abartıdan uzaktır. Bir çocuğun oyunundan çok şey öğrenebilirsin çünkü çocukların oynadığı oyunlar, yetişkinlerinkinden farklı olarak dürüsttür. Duyguların ve düşüncelerin en üst ve en gerçek ifade alanıdır. Ben artık hiç gülmeyen yeni anneydim. Kızım için bundan ibarettim. Güneş hem babasını, hem annesini kaybetmişti.

Onun yanında mutlu bir maskeyle dolaşıyorken nasıl bunları söyleyebilmişti? Bu soruyu sormak bile anlamsızdı. Bir çocuğun baştan ayağa sezgisel bir varlık olduğu gerçeğini hesaba katmamıştım. Ona istediği zaman istediği yerde ağlayabileceğini, mutsuz hissettiğinde bana her şeyi anlatabileceğini söylemiştim. Mutsuzluktan, ağlamaktan, üzülmekten başka bir şeyden söz etmeyerek kendi duygu halimi ona yansıtıyordum. İstediği zaman gülebileceğini, mutlu hissetmeye de hakkı olduğunu hiç söylememiştim. Onu kendi kaygılarıma, korkularıma, suçluluğuma ortak etmiştim. Buna hakkım yoktu.

O gün şahit olduğum oyun sahnesinden kaçıp, kendimi banyoya kapatıp dakikalarca ağladım. Kabullenmeliydim, üzerinde durmakla övündüğüm kendi ayaklarım artık bana yetmiyordu. Kimseye ihtiyaç duymadan yola devam edebilecek güçlü kadın imajıma sıkı sıkıya tutunarak sadece kendimin değil kızımın da hayatını mahvediyordum. Terapiye muhtaçtım. Kendimi muhtaç kelimesiyle yan yana getirmeye tenezzül etmemiştim. Oysa asıl acizlik muhtaçlığımdan utanmaktı. Asıl acizlik, yardım istememekti. Benim için o güne kadar "yardıma muhtaç" olanlar hep başkalarıydı. Ne kibir!

Şimdi fark ediyordum ki hayatta kimi zaman yardım eden, kimi zaman yardım edilen olmak kaçınılmazdı. İnsanın içinde insana dair her hal vardı, hepsi farklı zamanlarda ortaya çıkmak için bekliyordu. Çocukken şahit olduğum altın günleri gibiydi bu düzen. Günlerdeki altın değiş tokuşu gibi, herkesin alma ve verme sırası geliyordu. Kabul sırası bendeydi. Şimdi benim altın günümdü. Hayatın önüme attığı lokmalardan çiğnemesi en zor olan bu lokma, çiğnedikçe beni en çok güçlendiren olmuştu.

"Evlilik mi, asla!" triplerimden sonra nasıl tıpış tıpış evlendiysem, "Terapist mi, asla!" diye terapiye burun kıvıran ben, haftada iki kez elimde mendille terapistin karşısında oturuyordum artık. İçten içe faydasına inanmadığım terapinin, bana ne kadar iyi geldiğine her geçen gün hayretle ve utanarak tanık oluyordum.

Terapi sadece terapistin odasında devam etmiyordu. Acının keskinliğinde ayakta durmaya çalışırken, ailem ve arkadaşlarım koltuk değneğimdi. Kökleri küçümseyip kanatları yüceltmiştim o güne dek. Şimdi kanatlarım kırıkken o kökler sayesinde ayakta durabiliyordum. *Bir çocuğu bir köy büyütür.* Can'ı kaybettiğim zamana kadar bu sözü her duyduğumda, büyümek için geniş aileye muhtaç küçük bir çocuk canlandırmıştım hayalimde. Cümleler bağlam değişince nasıl da yepyeni anlamlara bürünüyordu. Şimdi cümledeki büyütülen çocuk bendim. Bütün köy ana rahmim olup beni yeniden doğurmaya, büyütmeye, yürütmeye girişmişti.

Yataktan kalkmanın, hareket etmenin, yemek yemenin neredeyse imkânsız olduğu zamanlarda annem halsizlikten kalkamayan kolumun görevini üstleniyor, çocukluktaki gibi ağzıma kaşığı dayayarak yemek yediriyordu. Güneş'i bazen babam, bazen kayınpederim okula götürüp getiriyordu. Üniversitede arkadaşlarım arada benim yerime derslere giriyorlardı. Neval Teyze her gün bir çeşit yemek yapıp getiriyor, anneme yardım ediyor, Güneş'i mutlu etmek için ufak tefek hediyeler alıyordu. Bir taraftan onlara yük olmaktan endişeleniyor, bir taraftan varlıkları için şükran duyuyordum.

"Bu da geçer", "Kaderden kaçılmaz", "Zamanla düzelirsin" diyenlerle sarılmıştı etrafım. Belli ki hiçbiri modern psikoloji kitaplarını okumamıştı. Okusalardı yas tutan insana "geçer" demenin yanlış olduğunu bilirlerdi. Okusalardı "Zor bir dönemden geçtiğinin farkındayım, ne zaman istersen buradayım" derlerdi. Okusalardı "Nasılsın?" yerine "Bugün nasılsın?" diye sorarlar, kitaplarda denildiği gibi "her gün verdiğim mücadelenin farkında olduklarını hissetmemi sağlarlardı."

Bir yandan okuduklarımın mantığını anlıyor, diğer yandan mantığın eksiklerinin farkına varıyordum. Onlar "Zaman her şeyin ilacıdır kızım" diyen Neval Teyze'nin çaresizce yardım etmek isteyen gözlerini, annemin beni incitmemek için kelimeleri tedirginlikle sarf eden ürkek dudaklarını, rahat edeyim diye yastığı nereye koyacağını şaşıran babamın titreyen ellerini göremiyorlardı. Tanımadığım insanlar gelip gidiyordu eve. *Elâlem*'deki "el", "yabancı" anlamından sıyrılıp "destek veren el"e dönüşüvermişti. El yordamıyla yardım etmeye uğraşıyorlardı. Kelimelerin kat kat ötesindeki bu çaba için minnettardım. Kendilerine zor zamanlarda ne söylenmişse, muhtemelen, aynısını bana söyleyerek teselli etmeye çalışıyorlardı işte. Ustaca ya da acemice sarf edilen sözlerin bir önemi yoktu. Oradaydılar, öyle ya da böyle yanımdaydılar, ellerinden gelen buydu. Asıl önemli olan, sözlerin ötesindeki insan sıcağıydı.

Uzakta, hiç tanımadığım akrabalardan hediyeler gönderenler, kart atarak başsağlığı dileyenler olmuştu. Bir gün eve gelen bir koli dolusu salça, tarhana, bulgur, sebze meyve arasından kargacık burgacık harflerle yazılmış bir not çıkmıştı:

Seninde kızınında başı sağolsun.

Uzak bir yerlerde, hiç tanımadığım birkaç insan, aralarında konuşup bahçeden topladıkları sebzeyi meyveyi, evde yaptıkları tarhanayı bana göndermenin iyi olacağına karar vermişti. Erzakı toparlamış, özenle paketleyip bir kolinin içine yerleştirmişlerdi. O koliyi postaneye kadar taşımışlardı. İçine nazik bir not iliştirmişlerdi. Yazım hatalarıyla dolu bir not. Yanlış yazılmış kelimelerin onca emekle hazırlanmış bir insanlık paketi karşısında ne önemi olabilirdi ki? O bitişik yazılmış bağlaçlar, iyilik dualarıyla yapışmıştı sanki önlerindeki kelimelere. "Dahi" anlamında "de" gibi ayırmıştım kendimi bu insanlardan bunca zaman. Üstelik olabilecek en anlamsız, en yapay yerlerden ayırmıştım.

Hiç kimse siyah beyaz değildi, oysa ben aradaki renklere kördüm. Hepimiz iyisiyle kötüsüyle insandık işte. Ne tuhaf, Amsterdam'da Can'la birlikte bisikletin tepesinde ilerlerken bunu gerçekten idrak ettiğimi düşünmüştüm. Anladığımı sanmıştım ama bu sadece bir düşünceden ibaretti. O zaman aklımdan geçenleri şimdi iliklerime kadar hissediyordum. Anlamak, düşünerek olacak iş değildi. Anlamak için yaşamak gerekliydi.

Her incelikli davranışla biraz daha yerin dibine geçiyordum. Ziyaretçilerim arasında düğünde burnunu karıştıran yaşlı adam da vardı. İçten içe nasıl da dalga geçmiş, eğlenmiştim onunla. İhsan'dı adı. Canların komşusuydu. Kendisi de, eşini yıllar önce bir hastalık yüzünden kaybetmişti. O günden sonra acısını unutmak için resim yapmaya başlamıştı. Acısını akıttığı tuvaller, zamanla yaşama tutunmasını sağlamıştı.

İhsan Amca bana kendi yaptığı bir yağlıboya tabloyu hediye etmişti. Resimde bir kadın ve küçük bir kız çocuğu deniz kenarında oturmuş, güneşin doğuşunu izliyorlardı. Beni ve Güneş'i resmetmişti. Yetenek izleri taşımayan ama buram buram merhamet ve insaniyet kokan bir tabloydu. "Hayatında iki kıymetli güneş var. İkisini de sana her gün yeniden doğduğunu hatırlatmak için çizdim," demişti İhsan Amca. "Her yeni gün yeni bir doğumdur kızım. Bunu hiç aklından çıkarma." Gözyaşlarına boğularak boynuna sarılmıştım. Bu bilgelik, bu iyilik bambaşkaydı. Oysa hiç tanımadan, neler yaşadığını bilmeden, kim olduğunu merak bile etmeden, içimden, şımarıkça dalga geçmiştim onunla. Saçma sapan önyargılarımla pırlanta kalpli insanları küçümsemiştim bunca zaman. Çocukça kibrim, üstten bakan halim, kendimi beni büyüten insanlardan ayırt etme ahmaklığım acı yoldan yüzüme vuruluyordu şimdi.

"Cehennem başkalarıdır" diyen Sartre'ın bu görüşüne çocukluğumdan beri katılmıştım. Halbuki insanları cennet ve cehennem ikiliğine indirgemek dar bir bakış açısıydı, şimdi anlıyordum. Hayatın cehenneme döndüğü zamanlarda cennet başkalarıydı. Aslında ortada tuhaf bir denklem var gibiydi. Hayatın cennet olduğu zamanlarda gerçekten de cehennem başkaları olabiliyordu. Acıda birleşebilen ama başkasının mutluluğuna samimiyetle sevinmekte güçlük çeken insanlar çoktu. Belki de çok az kişinin hayatından memnun olduğu, çoğunluğun acıyla büyüdüğü bir coğrafyada olmanın doğal sonucuydu bu. Haset, adaletsizlikten doğar.

Acıda birleşebilmek, ikiyüzlü bir toplumda büyümenin sonucu da olabilirdi. İnsanların çoğu çocukluk ve gençlik boyunca bu ikiyüzlülüğün mağduru, sonrasında da faili oluyordu. Mağduriyet çağında çekilen acılar, arkadaşlarla olan dayanışma ruhu, bir kişi mağdur safına geçtiği anda tekrar su yüzüne çıkıyordu.

Herkes melek değildi; hoş, arada elâlem tayfasından "Hâlâ gençsin güzelsin, elini sallasan ellisi", "O da bir şey mi, bilmemkimin kızı da şöyle şöyle ölmüştü", "Sen asıl benim başıma gelenleri bilsen" tarzı anlayışsız cümleler sıralayanlar da çıkmıyor değildi. Bir insanın acısının üzerinden bir hafta bile geçmemişken bu sözleri sarf edebilmek farklı boyutta bir örgütlenmenin işaretiydi. Onlar elâlemin ötesinde "derin elâlem" örgütüydü. Neyse ki sayıları daha azdı.

***

Terapistle görüşmeye başladıktan sonraki günlerde altın günü ekibini çok düşünmüştüm. Acaba onlar hayatlarında bir kez bile terapiye gitmişler miydi? Bir kez bile tanımadıkları birine iç dünyalarını açmışlar mıydı? Yaşadıkları travmaları anlatmışlar mıydı? Muhtemelen hayır. Travmatik bir topluma doğmuş insanlardan "travma" kelimesini duymayı beklemek, suyun içine doğan bir balığın "bu su" demesini beklemek kadar beyhudeydi.

Bu kadınlar içine doğdukları karanlık sularda nefes alıp verirken hayatta kalmanın, çoraklığın ortasında içlerinde bir hayat yeşertmenin yaratıcı yollarını bulmuşlardı. Düzenli altın günü buluşmaları, yaşadıkları onca sıkıntıyı dolmalar, börekler, telveden hayaller eşliğinde eritme çabasıydı. Yoksul coğrafyalarda terapi, birbirine sarılmaktı. Herkesin cebinden çıkan ama aslında kimsenin cebinden çıkmayan, elden ele dolaşıp duran bir çeyrek altının pırıltısında buluşarak hayata bağlanma çabasıydı.

Onlar Sylvia gibi çocuğun odasının önüne sütle kurabiye bırakıp kafayı fırına vermemişlerdi. Virginia gibi ceplerine taşlar doldurup bedenlerini bir nehrin sularına bırakmamışlardı. *Hayatın neresinden dönülse kârdır* diyen Nilgün gibi kendilerini balkondan aşağı atmamışlardı. Onun yerine börekleri fırına vermiş, ceplerine koydukları küçücük bir çeyrek altının mutluluğuna sığınmış, *hayata neresinden tutunsan kârdır* diyerek yola devam etmişlerdi. Devam etmenin yolunu birbirlerine yaslanmakta bulmuşlardı. İyileşme, dayanışmadaydı.

Oysa Sylvia yapayalnızdı. İnsan sıcağından çok uzaktı. Terapist kâr etmiyordu, yazmak iyileşmeye yetmiyordu. Kara dutun lekesi çıkmazmış, ama dut ağacının yaprağını eline alıp ovuşturursan leke çıkarmış derler. Acı, insanın ruhuna işleyen kara dut lekesi gibiydi. Tek başına çıkmıyordu. İnsanın acısını ancak acının ne demek olduğunu bilen başka insanlar alıyordu.

Herhangi bir şeyi severseniz kalbiniz kesinlikle yara alacak, hatta belki kırılacaktır. Kalbinize el değmesin istiyorsanız onu kimseye, hatta bir hayvana bile vermemelisiniz. Kalbinizi hobilerle, küçük lükslerle pamuklara sarın; bütün gönül işlerinden kaçın. Kalbinizi bencilliğinizin yarattığı bir kutuya ya da tabuta kilitleyin. Ama kalbiniz o güvenli, karanlık, kıpırtısız, havasız kutudayken değişecektir. Kırılmayacaktır; kırılmaz, içine girilmez, ıslah edilemez bir şeye dönüşecektir. Sevmek kırılgan olmaktır.

C. S. Lewis

Ahır yandı
ve ben artık
ayı görebiliyorum.

Mizuta Masahide

"Bir mutluluk kapısı kapandığında başka bir kapı açılır, ancak kapalı kapıya o kadar uzun süre bakarız ki bize açılan kapıyı görmeyiz," demişti Helen Keller. Karanlığın içinde gizlenen küçük sevinç kapılarını el yordamıyla bulmaya çalışıyordum. Ruhum yaz mevsimi olmasa da bazen güneş ışığı kısa sürcli de olsa kapının altından içeriye sızıyordu. Mis kokulu bebeklerde, kucağına gelip kıvrılan bir sokak kedisinin fütursuzca miskinliğinde, şehrin orta yerindeki bir kaldırımın beton duvarından inatla fışkıran çiçeklerde, ağacın gölgesinde kitap okurken yaprakların arasından kelimelerin üzerine düşüp oynaşan güneş ışığında, kahveni fincana koyduğun anda pencereye vurmaya başlayan yağmur damlalarında mutluluk "merhaba" deyip kaçıyordu.

Terapistimin önerisiyle her gün iyi yaptığım üç şeyi bir deftere yazmaya başlamıştım. Basit şeyler de olsa yazmam gerekiyordu. *Bugün banyo yaptım. Bugün kendime kahve yaptım. Bugün Güneş'i güldürecek bir şey söyledim.* Bunlar küçük işler gibi görünse de içime ferahlık yaydıklarını hissediyordum. Pirincin taşını ayıklamak yerine, taşın içindeki pirinci ayıklayıp bulmaya çalışır gibiydim. Soğuk, sert, ağır taş yığının arasında bulduğum birkaç pirinç tanesini kâğıda sermek bana iyi geliyordu. Yazmak, ikinci terapistimdi.

Adım atmayı öğrenen bir bebek gibi hissediyordum. Attığım her küçük adım büyük zaferdi, en büyük hedefim bir sonraki küçük adımı atabilmekti. Bir gün yürüyecektim, ancak bunu düşünmek için erkendi. Suyun altında ilerlemeye çalışır gibiydim, kolay değildi. Pes edecek gibi olduğum anda iç sesimi çağırıp ona iyi şeyler söyletiyordum. *Ne olursa olsun yürümeye devam et. Topallayarak da olsa, titrek adımlarla da olsa ilerle Zeynep. Yapman gereken tek şey yürümeye gayret etmek. Yürüdükçe acı azalacak, hayata bağlanacaksın, ayakların açılacak... Yürümeye devam et Zeynep. Mülozof da şimdi burada olsa aynısını söylerdi.* "Solvitur ambulando." Sorun yürüyerek çözülür.

Yas sürecinin beş evreden oluştuğunu okumuştum; inkâr, öfke, pazarlık, depresyon, kabullenme. Hangi aşamadaydım, bilmiyordum. Sanki hepsi iç içe geçmiş gibiydi. Bir an öfkelenip bir sonraki an durumu kabulleniyor, pazarlığa geçip ardından yine öfkeleniyordum. Her şeyi kabullendiğimi sandığım anda birden göğsüme acı saplanıyordu. Aşamalar sırayla ilerlemiyordu. Zaten sıralı olan ne vardı ki hayatta? Hiçbir şey sıralı değildi, ölüm de dahil.

İnsanın içi ikiyüzlüydü. Bir akşam koltukta uzanmış ağlarken karşımda açık duran televizyonda aşırı komik yüzlü bir aktörün abartılı jestlerine gülmüş, gülebildiğime sevinmiş, bir taraftan da suçluluk duymuştum. Ertesi gün günah çıkarır gibi terapistime olanları anlattığımda yaşadığımın normal olduğunu söylemişti. Benimle ilgili değil, insan olmakla ilgili bir durumdu bu. İnsanın duygu durumu, eklem yerlerinden bölünecek kadar keskin kategorilere ayrılmış değildi. İnsanın karmaşıklığını kategorize etme çabası, renklilerle beyazları aynı anda attığın çamaşır makinesinden pespembe çıkan çorapları renklerine göre ayırmaya çalışmak kadar verimsizdi.

Başka bir gün Amerika'dan ziyaretime gelen arkadaşım Miriam'ın Neval Teyze'yle imtihanı karşısında kahkahalara gark olmuştum. Neval Teyze, "Biytuful, Törkiş fud, veri gud" diyerek şekere zehir gözüyle bakan kızcağızın ağzına zorla revani tıkmaya çalışıyordu. Kız eliyle kibarca hayır işareti yapınca Neval Teyze sesinin seviyesini yükselterek ani bir manevrayla Türkçeye dönmüş, geleneksel bir yöntem olan *tehditle ikna etme* aşamasına geçiş yapmıştı:

"Ölümü gör yemezsen, bak ant verdim Meryem! Ay giv ant!"

Türklerin yüksek sesle Türkçe konuşunca İngilizce konuştuklarına inanmaları akıl almaz bir hipotezdi. Daha akıl olmaz olan ise karşılarındaki yabancının gerçekten de söyleneni anlamışçasına tepkiler vermesiydi. "Bedenim sadece bana aittir"i slogan bellemiş, "şeker zehirdir"i neredeyse dövme diye bedenine kazıtacak kadar katı olan arkadaşım, Türkiye sınırlarına girdikten sonra kendi sınırlarının hiçbir öneminin kalmadığını çabucak öğrenmişti. Revani dudağının sınırlarına dayanınca çaresizce bana bakmış, kahkahalar içinde ellerimi iki yana açarak "yapacak bir şey yok" işaretimi alınca düşman kuvvetlerine teslim olmuştu.

Gerçi Miriam'ın tatlıyla buluşması pek fena geçmişe benzemiyordu. Neval Teyze'nin çıkartmasından sonra tabağında kalan revaniyi kendi rızasıyla bitirmesine hayret etmiştim. Belki de şekere karşı olmasının nedeni, o zamana kadar doğru tatlıyla buluşmamış olmasıydı. Öyle olmasa bile bazen farklı bir şey denemek dünyanın sonu değildi. Küçük ya da büyük, her hezimet bir keşifti. Kırılmadan esneyebilmeyi başarmaktı bütün mesele. Çocuğuma hayatta tek bir şey öğreteceksem, bunu öğretmeliydim. Hayatta diplomalardan, ödüllerden, madalyalardan daha büyük başarı, her koşulda yola devam edebilmekti. Çatlakların arasından akıp giden su gibi esnek olabilmekti.

Bir gün telefonun hatırlatma fonksiyonu, Can'la evlilik yıldönümümüzde çektiğimiz bir videoyu karşıma çıkardı. Kırmızı beyaz pötikare masa örtülü, şirin bir İtalyan restoranındaydık. "Nice yıllara hayatım" diyerek kadehini kaldırıyordu bana doğru. *Nice yıllara... Sahi, ne kadar az evlilik yıldönümümüz oldu bizim.* O anda ekranın içine girmek, ona sarılabilmek istedim. Boş elimi onun kadeh tutan eline uzatırken gözümden yaşlar süzülüyordu. Hiçbir şey Can'ı, eski hayatımızı geri getirmeyecekti.

Sessiz yaşlar hıçkırıklara dönüşünce, Güneş odasından koşarak çıkıp yanıma geldi. Küçücük kollarıyla boynuma sarıldı:

"Ağlayabilirsin anne, ağlamak sana iyi gelir."

Kızım sağlam durmanın ağlamamak anlamına gelmediğini, bilakis ağlayabilmenin de sağlam durmaya dahil olduğunu öğrenebilmişti. Ona öğrettiğim, anlattığım ne varsa şimdi aynısını bana söylüyordu. Bir şeyleri başarmıştım. Bir şeyleri başarmak için daha zaman vardı. Bazı şeyleri hiç başaramayacaktım. Hepsinin toplamı hayattı.

Yürümeye devam ettikçe, kaybolan kollarının yerine yavaş yavaş yenilerinin gelmeye başladığını, hissini yitiren bacaklarının usulca güçlenmeye giriştiğini, içinde tutunacak bir dal bırakmayan boşluğun çeperinde minik bir dalın yeniden filizlenmeye başladığını hayretler içinde fark ediyordu insan. Sonsuza dek yitirdiğini sandığı kabuğun yerine iyi kötü yeni bir kabuk geliyordu zamanla. Murakami gibi Márquez de haklıydı: İnsanın tek doğumu annesinin onu doğurduğu gün değildi; hayat onu defalarca kendini yeniden doğurmaya zorluyordu. İnsan, farkında olmasa bile, kendini yavaş yavaş yeniden doğuracak kudretle donatılmıştı.

Bunların da ötesinde, başka bir açıdan şanslı bile olabilirdim. Bu düşünceyi kafama eken, bana iyimser bakış açısı kazandırmasını en son beklediğim kişiydi.

***

Anneannem Can öldükten sonra başka bir insana dönüşmüştü. İçinden, Matruşka bebekler gibi, daha önce görmediğim bir kadın çıkmıştı. Daha yumuşak, sakin, anlayışlı bir kadındı bu. Yıllarca oturduğun evin hiç bilmediğin gizli bir odası olduğunu keşfetmek gibi bir duyguydu bu.

Küçüklüğümden beri, kitap okuyan bir insanın iç dünyasının eninde sonunda iyiliğe, güzelliğe evrileceğine gönülden inanmıştım. Ağzından pek bal damlamayan anneannemin yıllarca okuduğu romanlardan etkilenmemesi imkânsızdı. Okurken heybesine attığı incelikli duygular nihayet gün yüzüne çıkmıştı. Dantelli çeyizini sandıkta saklayan gelin edasıyla, o güne kadar ruhunun ince yüzünü dünyadan saklamıştı. Bu inceliğin dışarı çıkması için büyük bir musibet gerekmesi üzücü olsa da yine de içeride gömülü kalmasına yeğdi.

Bir yaz akşamı onu deniz kıyısına götürmemi istedi. Nadiren evin dışına çıkmak istediği için şaşırmış, bir yandan da sevinmiştim. Yıllarca paylaştığımız odanın dışında başka bir mekânda hiç baş başa kalmadığımızı o an fark etmiştim. Onu taksiye bindirip Bebek sahiline götürdüm.

Hafta içi olduğu için sahil çok kalabalık değildi. Boş bir bank bulup oturduk. Gelmeden önce evin yanındaki fırından aldığım simitleri kemirerek, sessizce denizi izlemeye koyulduk. Boğaz'ın görkemi, tıraşlanmış tepelerin hüznüne karışmıştı. İstanbul hayatın bitmeyen sillesine rağmen dik duruşunu kaybetmeyen, darbe izlerini ustaca gizlemeyi başaran bir kadını andırıyordu. Geçkin, yaralı ve bir zamanlar çok güzel olduğu hâlâ belli bir kadın.

Önümüzden geçen gürültülü gezi vapuru huzurlu sessizliğimizi bozdu. Vapurdakiler bir yandan neşe içinde dans ediyor, bir yandan da fonda bangır bangır çalan Sertap şarkısına eşlik ediyordu:

Kırılmasın diye durur kalbim
Usul usul
bedeni aşar aşk
Aşk ölmez
biz ölürüz.

Vapur küçüldükçe sesler cılızlaştı. Giderken geride bıraktığı nakarat, zihnimde bangır bangır dönmeye devam ediyordu. *Aşk ölmez biz ölürüz.*

"Keşke Can'dan önce aşk ölseydi."

Göğsümde büyüyen cümle ağzımdan dışarı fırlamıştı. O zamana kadar tek kelime bile söylemeyen anneannem derin bir iç çekti.

"Çok erken gitti evladım, Allah toprağını bol etsin."

Yanından geçen bir güvercine simidinden bir parça koparıp attı. Sesini biraz alçaltarak konuşmaya devam etti:

"Sen ta küçükken sapık seksüelim dedindi, aklım yerinden çıktıydı o gün. O günden sonra çok dualar ettim, Allahım sen karşısına düzgün bir kısmet çıkar, doğru yola döndür diye. Dualarım kabul oldu çok şükür, Allahım sana onun gibi birini gönderdi, Neval'le kaç kere..."

Anneannem konuşmaya devam ederken ilk cümlesinde takılıp kalmıştım:

"Bir saniye anneanne, ne dedin sen? Ne demişim küçükken? Sapık seksüel mi?"

"He işte, öyle bir şey dedindi, okuduğu kitaplar bozdu bunu zaar diye çok dertlendim, çok dualar ettim Allahım doğru yola döndürsün, yazdıysa bozsun diye."

Anneannemin cümlelerini idrak etmem birkaç saniyemi aldı. Ciddi olamazdı. Ciddi miydi? Ona doğru dönüp yüz ifadesini dikkatle inceledim. Ciddiydi. Hayatımda bundan daha saçma çok az şey duymuştum. Az önce içimi kaplayan ağırlık hissi birden yerini gülme krizine bıraktı. Anneannem duruma anlam verememiş, gülmeme bozulmuştu:

"Aaah ah, kurt kocayınca köpeklere gülünç olurmuş. Ne kadar üzüldüydüm o zaman da, annenlere de bir şey demediydim üzülmesinler diye."

"Ya ne sapık seksüeli anneanne, sen ne diyorsun? Ben sana 'sapyoseksüelim' demiştim. Hatırlıyorum ne zaman söylediğimi, zaten anlama diye özellikle söylemiştim. Ne bileyim bu kadar da yanlış anlayacağını. Sapyoseksüel. 'Zeki insanlardan hoşlanan kişi' demek. Cidden yıllarca buna üzülüp benim için dua mı ettin? İnanılmazsın!"

"Aaah ah, hem de ne dualar ettim, ne adaklar adadım. Neval'i kaç kere Telli Baba'ya götürttüm, telleri kesip kesip torbalara doldurduk, bu deli kız doğru yola girsin Rabbim diye dua ede ede bir hal olduk senelerce."

Gülmekten gözümden yaşlar akıyordu. Anneannem aniden sinirlenip her zamanki küfürlü ağzına keskin bir dönüş yaptı:

"Satyo seksüelmiş. Yıllarca ne azap çektim, kör olmayasıca!"

"Satyo değil sapyo sapyo."

"Satyo, sapso, ne boksa!"

Anneannemin bir süredir takındığı sakin ve şefkatli halden çıkıp orijinal ayarlarına geri dönmesiyle kendimi çok iyi hissetmiştim. Zaman makinesine girip çocukluğuma, aynı odayı paylaştığımız tasasız, atışmalı günlerimize geri dönmüş gibiydim. Öte yandan küçücük bir yanlış anlamanın kolayca yıllar süren bir endişeye dönüşebilmesi dehşet vericiydi. Kim bilir böyle ne çok yanlış anlama vardı dünya üzerinde. Kim bilir yok yere ne küskünlükler, kızgınlıklar, kırgınlıklar yaşanıyordu. Hayat bazen işte bu kadar anlamsızdı.

"Keşke yıllarca benim için dua edeceğine bir kez benimle konuşsaymışsın anneanne. Bir kere sormaz mı insan, 'Sen ne diyorsun kızım, o ne demek?' demez mi?"

Bir şeyler demeye yeltendi ama konuşamadı. Bu topraklarda iletişim diye bir şey mi vardı ki anneannem beni karşısına alıp konuşacaktı? Onu hayatında bir kez karşısına alıp konuşan olmuş muydu ki nasıl konuşacağını bilecekti? Bu saatten sonra omzuna böyle bir yük yüklemek anlamsızdı. Gülümseyerek elimi dizine koydum:

"Neyse boş ver artık, olan olmuş. Olan sana olmuş. Hem konuşsaydık bugün şu acının ortasında bu kadar gülemezdik. Belki de senin duaların, o torbalara doldurduğun teller sayesinde bulmuşumdur Can'ı, kim bilir?"

Anneannem hâlâ şok içinde gibiydi, uzakta bir noktaya gözlerini dikmişti. Büyük olasılıkla dev bir hata üzerine kurduğu geçmişinin muhasebesini yapıyordu.

"Madem bunca yıl sonra konuşmaya karar verdik o zaman söyle bakayım, sen hiç âşık oldun mu?"

Eteğine dökülen susamları elinin tersiyle yere ittirdi. Soru onu rahatsız etmiş görünüyordu. Lafı başka yere çevirmeden sabırla bekledim. Birkaç saate bedel birkaç dakikalık suskunluğun ardından "Aşk maşk bilmem de," diyerek lafa girdi. Az önceki sinirli hali yerini yeni, sakin moduna bırakmıştı:

"Küçükken bizim apartmanda Ermeni komşularımız vardı. Madam Varsenig Teyzeler. Madam Teyze derdik. Bir apartmanın içinde neşe, huzur içinde yaşardık. Hiç öyle ayrılık gayrılık yoktu, yediğimiz içtiğimiz birdi. Çok iyi komşuyduk, aramızdan su sızmazdı. Madam Teyze'nin bir oğlu vardı benim yaşlarımda. Sevimli oğlandı, iyi de anlaşırdık. Sokakta birlikte oynardık çocukken. Sonra biraz daha büyüyünce, evlenme yaşımıza doğru benim içimde başka hisler oldu. Anladım ki o da benim gibi."

"Âşık oldunuz yani."

Cevap vermeden devam etti:

"Velhasıl kelam, o evlenmeye niyetlendi."

Orada durdu. Anneannemin böyle bir hikâyesi olduğunu bilmiyordum. Heyecanla devam etmesini bekledim. Yine suskunlaşmıştı:

"Dur tahmin edeyim sonunu anneanne. O Ermeni, sen Türk olduğun için evlenmenize karşı çıktılar, değil mi?"

Görünmez sınırlar vardır. Ortada ciddiye almaya değer bir durum yokken sınırlar görünmezliklerini korur. Oynarken, gülerken, sen komşuya güllaç taşırken, komşu sana topik ikram ederken, Paskalya'da birlikte yumurta boyarken, Ramazan'da birlikte pide dişlerken, sınırlar edeple kenarda bekler. Ancak işler ciddiye binmeyegörsün, yüzeyin altına azıcık inmeyegörsün, dikenli telleriyle, mayın tarlalarıyla, silahlı askerleriyle sınırlar arsızca dikiliverir önünde. Aşmaya çalışırsan teller ellerini kana bular, basmaya yeltenirsen mayınlar patlar, karşı durmaya cesaret edersen askerler tüfeği ensene dayar. Seni sevdiğine seveceğine pişman ederler.

"Komşuluk iyiydi güzeldi de iş ciddiyete binseydi kıyamet kopardı. Ailelerimiz evliliğe zinhar razı gelmezdi."

"Sen de o yüzden hayır dedin."

"Ne diyecektim ya."

İnsanları seçmedikleri özelliklerine göre ayırt etme ilkelliği beni çileden çıkarıyordu:

"İşte bu ikiyüzlülük beni benden alıyor. Hem bir de komşularımızla aramızdan su sızmazdı diyorsun. İnsan olmanın dini, mezhebi, ırkı mı var anneanne? Sırf bu yüzden sizi birbirinizden ayırmaları acımazsızca değil mi? Bu acımasızlık hangi dine, inanca, vicdana sığar?"

"Kimse bizi ayırmadı, ben ona varmak istemedim. O kadar kolay değil o mevzular."

"Evet, bu kadar kolay anneanne! İnsanlar, insan olanlar ve insan olamamışlar diye ikiye ayrılır, bu kadar basit."

"Öyle değil işte kızım, konuşuyorsun boş boş. Hayatın gerçekleri öyle değil. Ailemiz he dese, elâlem rahat bırakır mıydı bizi? Burnumuzdan getirirlerdi, hayatı zehrederlerdi bize. İyi oldu olmadığı."

Nesi iyi oldu anneanne Allah aşkına? Evlendiğin adam Türk'tü, Müslümandı da çok mu iyi oldu? Dedem hayatı burnundan getirmedi mi? Seni aldatmadı mı? Seni yıllarca ağlatmadı mı? İyi olmuşmuş. Asıl sen boş konuşuyorsun, ezberden konuşuyorsun, kusura bakma."

Sinirlenme sırası bana geçmişti. Derin bir nefes alıp sakinleşmeye çalıştım:

"Keşke kaçsaymışsınız."

"Deli etme beni, nereye kaçacaksın be kızım? Nereye kadar kaçacaksın? Hem elin oğluna güven mi olur? İki gün sonra hevesini alıp bıraksaydı, ortada kalsaydım nereye dönerdim? Beni alır mıydı daha babam eve?"

"Bunlar hep mağdur sözleri anneanne. Değiştirebileceğin halde değiştirmediğin her şey senin seçimin."

"Seçim. Dışarıdan bakıp büyük büyük laflar etmek kolay. Okumayanın seçimi mi olur? Hayatımı tek başıma idame ettirecek tahsilim mi vardı ki gitmeye cesaret edeyim? Cehaletle cesaret bir arada durmaz. Olsa da sonu hüsran olur. Tahsili olmayanın seçimi olmaz, kaderi olur. Sığınacak başka yerin olmadığı için kadere sığınırsın."

Evlilik konusu her açıldığında bana karşı takındığı katı, iğneleyici hallerini düşündüm. *Okuyup âlim mi olacaksın* diye diye yıllarca bana evliliği satmaya çalışan kadın, şimdi eğitimi olmayanın seçimi olmayacağını anlatıyordu. İnsan katman katmandı. Kalın kabukları kazıyınca altından öfke, öfkeyi kazıyınca altından keder, kederi kazıyınca altından çaresizlik çıkıyordu. O anda anneannemin geçmişini kazıyıp en alt kattaki çaresizliği güzelce temizlemeyi, yerine sağlam bir eğitim koymayı, tüm katları onun üzerine baştan inşa edebilmeyi istedim.

Sevmediği işlere ve eşlere iteklenenlerin, çalınan hayatların coğrafyasıydı bu. "Hayat hırsızlığı" diye bir suç olmalıydı. Başkasının hayatını çalmaya yeltenen her kim varsa içeri tıkılmalıydı. İlk başta içeri tıkılmayı hak eden, insanın kendisiydi. Kendi seçtiğin hayat yerine başkalarının senin için uygun gördüğü hayatı yaşayıp "Kısmet böyleymiş" demek olacak iş miydi? Kendine bile hayrı olmayanların sözüne uymak nasıl bir öz hıyanetti? Yine de anneannem bir yere kadar haklıydı. İçinde bulunduğu zamanı, ortamı, koşulları düşünmeden onu yargılıyordum. Eğitimi olmadan kendi yolundan gitmek onun için büyük riskti.

"Sonra ne oldu ona?"

"Ne olacak, iki mahalle aşağıdan Ermeni bir kız buldular apar topar. Areknazan'dı adı. Evlendiler."

"Hadi ya."

"Kız pazara gitmek için bizim mahalleden her geçişinde uzaktan izlerdim onu. Güzeldi. İnce, narin, sarışın bir kızdı. Huyu suyu uysaldı. Onun alışverişten eve dönüşünü, kocasını kapıda karşılayışını, akşam birlikte sofraya oturuşlarını, Nubar'ın 'Eline sağlık hanım' deyişini hayal ederdim. Kendimi Nubar'ın yanında hayal edemezdim, hep onu karısıyla hayal ederdim."

"Adı Nubar mıydı?"

"Nubar'dı. İşte onun yanında hayal edemezdim kendimi bir türlü. Korkardım belki de, kim bilir. Hayal edersem gerçek olmasını istemekten korkardım. Okuduğum romanlardaki âşık karakterleri bile hep o ikisi gibi hayal ettim. Kendi mutluluğumu hayal edemedim hiç ben. Kısmet böyleymiş. Kısmetten ötesi yok."

Ah anneannem... Yıllarca aynı odayı paylaşıp hiç tanımadığım oda arkadaşım. Psikoloğa gittiğinde "Sevgi sevgi sevgi, başka bir şey dediği yok" *diye şikâyet eden anneannem... Meğer sana sevgiyi çok görmüşler.*

"Hiç anlatmamıştın bunları anneanne."

"Anlatmam, kimse bilmez. İçimde saklarım senelerdir. Bir ben değilim ki, daha ne hikâyeler var. İnsanların içleri böyle yarım kalmış hikâyelerle dolu bu topraklarda."

Yüzünü bana döndü. Benli, yaşlı, damarlı, sert elini elimin üstüne koydu. İlk kez böyle bir şey yapmıştı, tuhaf bir histi:

"Sen öyle yapmadın ama. Sen kendi yolunu çizdin. İnadın inattı, çok kızardım sana ama güçlüydün. Asiydin ama iyi huylu asiydin. Çok gıpta ettim sana, ne yalan söyleyeyim. Çok da gururlandım. Tahsilini tamamladın diye içim rahattı. Zamanında keşke ben de okusaymışım. Bilemedim toy aklımla."

Elini tuttum:

"Kendine haksızlık etme. Senin okuduğun o romanları okuyan kaç kişi var anneanne? Ben okumayı sana bakıp da öğrendim. Ben hikâyemi senin de sayende istediğim gibi yazdım."

Gözlerimden yaşlar süzülerek devam ettim:

"Ama güç nerede? Çok güçsüz hissediyorum. İçimde bir yangınla dolaşıyorum, ne öldürüyor ne yaşatıyor, öyle bir yangın, kimseler dışarıdan görmüyor. İçimde yangınla çalışıyorum, yürüyorum, yemek yiyorum, konuşuyorum. İçimde yangınla etrafa gülümsüyorum. Ben de güçlü olduğumu sanırdım, değilmişim."

"Güçlü olmak içinde yangınla dolaşmak değil mi zaten kızım? Yanmaz mı insanın içi? Hele de böyle erkenden... Sabır, az daha sabır... Reçeller acı meyvelerden yapılır. Elbet acı dinecek bir gün."

Başımı yaşlı omzuna yasladım:

"Biliyor musun anneanne, küçükken sabahları uyandığımda seni uyurken izlerdim. Hareketsiz yatışında bir hayat belirtisi bulana kadar izlemeye devam ederdim. Sonra ya başını bir tarafa çevirirdin, ya göğsünün inip kalktığını görürdüm. Hayatta olduğunu anlayıp rahatlardım. Can hayattayken de bazı geceler kâbus görürdüm, uyandığımda hâlâ yanımda olduğunu görüp rahat bir nefes alırdım. Şimdi, kâbus uyandığımda başlıyor. Uyandığımda sevdiğim adamın yerinde boşluk var."

"Aaah, ah. Çok erken gitti evladım, çok... Hele bu söylediğime kulak ver: Sen sevdiğinle bu cihanda buluştun, evlendin, dünya güzeli bir evladın oldu. Benim gibiler etrafınızda göremediğimiz aşkları romanlarda, filmlerde arayıp durduk. Toprağın altı sevgiyi, aşkı bilmeden hayata gözünü yumanlarla dolu kızım..."

Anneannemin ağzından sevgi sözcüğünün çıktığını ilk kez duyuyordum. Bir bebeğin ilk kelimesini söyleyişine şahit olmuşçasına heyecan yayıldı içime. Devam etti:

"... yalan hayatlar yaşayıp mutsuz gidenlerle dolu. Ben de yakında onların yanına gideceğim. Kim talihsiz, biz mi, sen mi? Sen sevgiyi bu cihanda buldun. Kendini talihlilerden say."

Zihnimde Can'la ilk kafe buluşmamızda yaptığımız sohbet canlandı:

"Bazen düşünüyorum, sevip de kaybetmek mi, hiç sevmemek mi daha kötü?"

"'Yaşayıp da ölmek mi, yoksa hiç yaşamamak mı?' gibi bir soru bu. Bir yerde okumuştum. İnsanların pişmanlıklarının çoğu başarısız olan girişimleri değil, girişimde bulunma konusundaki başarısızlıklarıymış. Yapmaya cesaret etmediğimiz ne varsa bizi hüsranla sonuçlanan girişimlerden daha çok üzüyormuş. Ölüm döşeğindeyken keşke dememek için bir miktar risk almak gerek. Bence aşk ilişkileri için de öyle."

Hayat tuhaftı. Anneannemle Can'ın ortak bir düşüncede buluşabileceği hayatta aklıma gelmezdi. Bir yandan ortak bir kaderi de paylaşıyorduk. İkimiz de âşık olduğumuz adamlara doyamadan, takma dişlerini suyun içinde göremeden, erkenden kaybetmiştik onları.

"Bazen tekrar onun elini tutmak istiyorum, onunla konuşabilmek istiyorum, hatta o kadar çok istiyorum ki gerçekten elini tutmuşum, gerçekten konuşuyormuşum gibi..."

Hıçkırarak boynuna sarıldım. Yıllar sonra kilidi açılmış, içi tıka basa dolu bir kumbaradan fışkıran bozuk paralar misali akıyordu yaşlar gözlerimden. Anneannem omzundaki başımı, kuruluktan sertleşmiş avuç içiyle usulca okşuyordu. Sert bir el ancak bu kadar yumuşak bir his yayabilirdi.

Mendil aramak için çantamın dibinde elimi gezdirdim. Zamanında Amerika'da bir marketten aldığım ezilmiş bir paket kâğıt mendil çıktı dipten. Paketin üstünde İngilizce "Anı yakala" yazıyordu. Hıçkırıkların arasında istemsiz güldüm. Bu anı yakalamak istediğime ne kadar da emindi kâğıttan yaşam koçları. Can'ı kaybettiğim o anı yakalayıp geriye çevirme seçeneği sunan mendil yok muydu? Kötü anıları yok etme, geçmişe geri dönüp kaldığımız yerden devam etme seçenekli mendil yok muydu? "Anı yakala." Tek tesellim vardı: Kâğıt mendil firmalarının bile yaşam koçluğuna soyunduğu bir dünyada, acı çeken sadece ben olamazdım.

Anneannemle yine sessizce düşüncelere dalmıştık. Bankta öylece otururken aklıma yıllar önce New York'ta ilk kez psikoloğa gidişim geldi. Afrika'da banklarda oturup yaslı insanlarla konuşan anneannelerden söz etmiştim ona. Hayat enteresandı:

"Zimbabwe'de anneannelerle Dostluk Bankı diye bir proje yapmışlardı, duymuş muydun anneanne?"

"Heee duydum."

"A, gerçekten mi? Ne duydun?"

"Ananın örekesini duydum."

İlk defa birlikte güldük. Ve son defa.

"Biliyor musun anneanne, sana küçükken çok kızardım içimden. Kalın yün çoraplar, yün örgü pantolonlar giydirirdin bana. 'Yün çoraplı inek' diye dalga geçerlerdi benimle. İlkokul birinci sınıftayken okulda çekilmiş bir fotoğraf vardı. Kız öğrenciler önde yan yana dizilerek oturmuşuz, oğlanlar arkada ayakta. Kızların hepsi dizlerine kadar uzanan, ucu dantel işlemeli, kar beyazı çoraplar giymişti o fotoğrafta. O beyaz çoraplı bacakların arasında, lacivert ayakkabının içinde kahverengi kalın yün çorabı bileğine kadar gelen bembeyaz bir bacak vardı. Benim bacağım. Ne zaman kendimi fotoğrafta bulmak istesem, kafaları değil bacakları takip ediyordum. Düzeni bozan, aradan sivrilen, dantel çoraplıların alay ederek baktığı yün çoraplı beyaz bacaktım ben... Diğerlerinin arasında hep ayrıkotu gibi hissettim kendimi. Okul yılları boyunca hep kızdım sana. Çocukluk işte. Meselenin bu olmadığını sonra anladım. Mesele yün çorap değildi. Ben başka bir dünyaya aittim, onlardan çok uzak bir dünyaya, yapayalnız bir dünyaya. Dantelli çorap da giysem başka bir yolunu bulup dalga geçeceklerdi benimle. Zaman geçtikçe sana ne kadar haksızlık ettiğimi anladım. O kaba yünün sıcaklığını fark ettim. Ben üşümeyeyim istemiştin besbelli. Ben üşümeyeyim diye kalın kalın giydirmiştin beni. Çorabın kabalığı beni sıcak tutma düşüncesinin inceliği yanında ne kadar önemli olabilir ki anneanne? Sen elinden geleni yaptın hep. Aklının, gücünün, bilginin yettiği kadarını yaptın. Ötesinin ne önemi var? Teşekkür ederim anneanne. Her şey için, bugün olmamı sağladığın kişi için teşekkür ederim."

Bu konuşmadan bir ay sonra anneannemi toprağın altına uğurladık. Onu yatağında bulduğumuzda yüzünde belli belirsiz bir gülümseme vardı. Belki Nubar'ı görmüştü rüyasında. Kim bilir, belki sonunda Nubar'ına kavuşmuştu.

O gece anneannem için dua ederken onun hiç kuramadığı hayali onun yerine kurdum. Onu Nubar'la evli ve mutlu hayal ettim. Üniversiteye gitmiş, diplomasını gururla almış, mezun olduktan sonra Nubar'la kendi seçimiyle evlenmişti.

Areknazan'ın yerine onu koydum resme. Pazara gidip akşam Nubar'ına yemek pişirmek için en taze, en güzel sebzeleri seçiyordu. Kendinden emin, sevilen ve değer gören bir kadın gibi dimdik yürüyordu elindeki pazar fileleriyle. Filenin birinden taptaze papatyalar fışkırıyordu. İlerlerken eşe dosta gülümseyerek selam veriyordu.

Akşam özenle hazırladığı sofraya sevdiğiyle birlikte oturuyorlardı. Masanın ortasında mavi bir vazonun içine özenle yerleştirilmiş papatyalar vardı. Gülümsüyordu. Eşine yemek yapmayı seçmişti, istemişti, buna mecbur değildi. İsteyerek yaptığı için minnetle doluydu Nubar, "Eline sağlık Azize" diyordu elini onun elinin üzerine koyarak, gözlerinin içi gülerek. "Afiyet olsun bey" diyordu anneannem, mahcup ve mutlu bir ifadeyle. "Sevdiysen yine yaparım."

Hayalimde çok mutluydun anneanne. "Sevgi her şeydir kızım" *diyordun bana.* "Sevgi, sevgi, başka bir şey yok."

Seni seviyorum anneanne.

Hayatın boyunca bulamadığın sevgi ve huzur içinde yat.

BUGÜN

Son yok, son yok, sadece buvullar var

Sylvia Plath

"Başka bir isteğiniz var mı Zeynep Hanım?"

Hasan Bey'in sesiyle kendime geldim. Kafede farkına varmadan saatler geçmişti. Etraftaki çehreler değişmiş, hava hafiften kararmaya başlamıştı. Hasan Bey yıllardır bu kafede çalışıyordu. Can ve ben onunla sohbet etmeyi çok severdik:

"Hesabı alayım Hasan Bey, daha fazla gecikmeyeyim. Güneş mızmızlanır yoksa."

"Bir kahve ikram etseydim."

"Peki, son bir kahve alayım o zaman hesapla birlikte."

"Can Bey'i ziyaret ettiniz yine galiba bugün."

"Evet, havayı güzel görünce de oradan buraya yürüyerek geleyim dedim. Güneşe kandım ama üşüdüm epey."

"Oo, epey uzun yol yürümüşsünüz."

"Yürümek iyi geliyor. 'Hareket acıyı alır' diye bir söz var ya, kim demişse doğru demiş."

Hasan Bey her zamanki cümlesini kurdu:

"Çok efendi insandı, nur içinde yatsın. Hâlâ... Neyse, ben hesabı getireyim.

"Hâlâ inanamıyorsun değil mi Hasan Bey? Ben de inanamıyorum. Şu masada yaptığımız sohbetler daha dün gibi. Hayatın böyle bir yüzü de varmış işte, bize biraz vakitsiz gösterdi. Bu işlerin bir vakti var mı, onu da bilmiyorum artık gerçi."

Hasan Bey, Can'dan bahis açtığına pişman görünüyordu.

"Üzdüm sizi Zeynep Hanım, kusuruma bakmayın."

"Estağfurullah. Bilakis, Can'ı tanıyan herkesle sohbet etmek bana iyi geliyor. Ondan hiç bahsetmemeniz daha çok üzerdi."

"Bazı insanlar ne kadar zaman geçerse geçsin unutulmaz. Can Bey de öyle bir insandı... Ben kahvenizi getireyim."

Yan masaya şık ve bakımlı iki kadın oturmuştu. Kısacık saçlarını platin sarısına boyatmış olanı, sigara paketinden kendisi gibi ince uzun bir sigara çıkarıp yavaşça kıpkırmızı dudaklarına taşıdı. Sigarasını ağır hareketlerle yakıp, içine çektiği dumanı uzun uzun havaya üfledi:

"Dün sabahın köründe Serkan'ın telefonuna mesaj geldi. Herhalde saat üç falandı. Telefonuna yapışık gibi her saniye yanında taşır, nasılsa, dün gece tuvalete kalktığında komodinin üstünde unutmuş. Çok içkiliydi eve geldiğinde, ondan herhalde."

"O saatte kim mesaj atar ki? Baktın mı yoksa?"

"Baktın mı yoksa? Deli misin kızım, herhalde baktım, kırk yılda bir elime fırsat geçmiş, kaçar mı?"

"Müvekkili falan mıymış?"

"Evet canım, on ikiden vurdun, müvekkiliymiş. Çok özlemiş, dayanamıyormuş, bir an önce yanına geri gelsinmiş."

"Ne diyorsun sen Ceyda ya? İnanamıyorum! Offf, rezalet! Allah belasını versin erkek milletinin. Hepsi aynı bokun soyu."

Keşke Can da dün gece tuvalete kalksaydı. Keşke onun da telefonuna mesaj gelseydi. Keşke beni aldattığını öğrenseydim, başımdan aşağı kaynar sular dökülseydi, ağlaya ağlaya ona sövseydim, yıkılsaydım, derhal evi terk etseydim, onunla tanıştığım güne lanet etseydim, "Ders öğrenene kadar devam eder" *sözlerinde teselli arayan kalbi kırıklar ordusuna katılsaydım. Keşke şu anda nefes alıyor olsaydı. Her şeye razıyım.*

"Ne yaptın peki? Sıçsaydın ağzına."

Sarışın kadın umursamaz bir tavırla sigarasından hızlı bir nefes daha çekip sinirli bir biçimde havaya üfledi:

"Ne yapacağım Allah aşkına Selin? Sırtımı dönüp uyuyor taklidi yaptım."

"Ciddi misin sen Ceyda? Ben olsam dünyayı o pisliğin başına yıkardım, nasıl tahammül edebiliyorsun böyle bir rezilliğe?"

"Pardon da tahammül etmemek dışındaki seçeneğimi söyler misin? 'Bu kadın kim, sen beni nasıl aldatırsın' mı diyecektim? Desem ne olacaktı sanıyorsun? 'Seni seviyorum, ne olur affet beni karıcığım' mı diyecekti? 'Beğenmiyorsan nah kapı orada' deyip evden defedecekti. Tecrübeyle sabit."

Diğer kadın elini yumruk yapıp masaya vurdu:

"Senelerdir aynı nane ya, bu kaçıncı artık, bu adam iflah olmayacak belli. Ben olsam basıp giderim, kendime mis gibi yeni bir hayat kurarım. Çocuğunuz da yok, daha neyi bekliyorsun bilmiyorum."

"Sen basıp gidersin tabii Selin, senin tuzun kuru, işin gücün yerinde. Ben nereye gideceğim? Dımdızlak ortada kalırım. Bu saatten sonra kendime yeni hayat falan kuramam ben. Otuz beş yaşımdayım. Neyimle kuracağım Allahını seversen? Yeni hayatmış. Liseyi bile zar zor bitirdim, şimdi bu rahat hayatı bırakıp üç kuruşa saçma sapan işlerde mi çalışacağım? Tacizci patronların ağız kokusunu mu çekeceğim? Babamın evine dönecek halim de yok bu saatten sonra. Böyle idare edeceğim işte, boş versene. Ay çok da umurumda değil valla, ne halt yerse yesin, yeter ki benden uzak olsun. En azından yediğim önümde yemediğim arkamda, arabam altımda. Her şeyin bir bedeli var."

Her şeyin bir bedeli var. Ne doğru bir söz. Otuz beş yaşındaymış. Henüz çok genç. Ne güzel kadın. Ben de otuz beş yaşımdayım. Kocam beni aldatmadı ama aldatmaktan beter etti

Ceyda. Öldü, inanabiliyor musun? Kocan aniden ölse ne yapacaksın, hiç düşündün mü? Ya da yarın seni terk etse? Önünde olan yediğin, arkanda olan yemediğin, altında olan araban nereye kadar güvence sağlayacak?

"Bana öyle bakmayı keser misin Selin?"

"Nasıl bakıyorum?"

"Bal gibi biliyorsun nasıl baktığını. Küçümseyerek bakıyorsun. Kendini benden üstün görüyorsun çünkü."

"Ne alaka ya?"

"Şunu kafana yaz hayatım; kimse kimseye üstün değil. Birilerinin gerçekten üstün olabilmesi için hepimizin eşit doğması gerekirdi, anladın mı? Herkes eşit koşullarda doğmadığı sürece kimse kimseye üstün o-la-maz! İnsanlar sadece ölümde eşittir. Ne ben şu sokağın köşesinde dilenen kadına üstünüm, ne sen gümüş tepside sana sunulan imkânlarla başardın diye bana üstünsün."

Sigarasından bir nefes daha alıp havaya üfledi. Arkadaşı biraz duraksayıp cevap verdi:

"Kendimi üstün falan gördüğüm yok, sadece anlamsız bir ilişkiye katlanmanı istemiyorum."

"Her şeye fazla anlam yüklüyorsun, sorun bu. Hayat o kadar karmaşık değil. Bir tane hayatımız var. Azıcık gezip tozup, yiyip içip öbür tarafa defolup gideceğiz. Başka bir anlam yok. *Çok derin düşünen hayatın neşesini kaçırır.* Ben demiyorum, Goethe diyor. Ben söylesem işine geldiği gibi konuşuyor orospu derler."

"Senin kadar çok okuyan bir kadının şu saçmalığa katlanması..."

"Hah, bilakis çok okumam sayesinde katlanabiliyorum zaten. Büyük adamların hepimize uygun bir cümlesi var şekerim, seç beğen. Herkes kafasına yatan cümleleri seçip egosunu okşaya okşaya yaşayıp gidiyor işte. Sen de kendi ayakların üzerinde durmak, güçlü olmak, erkeklerden medet ummamakla ilgili ne kadar kitap, yazı varsa onları okuyup okuyup kendini haklı çıkar. Herkes kendini onaylama peşinde. Edebiyat hepimizi haklı çıkaracak kadar çok alternatif sunuyor neyse ki, yoksa hepimiz karakterimizin zayıflıklarıyla yüzleşmek zorunda kalırdık."

Arkadaşı afallamış ve suskunlaşmıştı. Cep telefonunu eline alıp ekranı sol elinin işaretparmağıyla aşağıya ittirmeye başladı. Suskunluğu fazla sürmedi:

"Çok roman okuduğun için her türlü saçmalık sana normal geliyor da olabilir, bence bu ihtimali de yabana atma Ceyda."

Kadın alaycı bir gülümsemenin kenarından dışarıya üfledi bu kez sigarasının dumanını:

"Hah, hayatın gerçekleri romanlardan daha saçma. Bizim yaptığımız şu konuşma tarih boyunca kaç milyonuncu kez tekrar edilmiştir, hiç düşündün mü? Benim yaşadıklarımın aynısını kaç kadın yaşamıştır? Kaç kadın aldatıldığında uyuyor taklidi yapmıştır? Binlerce yıldır ne değişti? Kadın düşmanı bir dünya bu. İlerleme milerleme illüzyon. Dünya gelişiyormuş gibi yapan ama olduğu yerde sayan, sürekli başa saran zavallı bir ihtiyar. İnsanlar dünya üzerinden silinene kadar da aynı zırva senaryolar tekrar edip duracak."

"Çok karamsarsın. Bu arada seni küçümsediğim falan yok gerçekten. Sadece olanlara üzülüyorum."

Telefonunun ekranını Ceyda'ya doğru çevirdi:

"Bak ne diyor burada, tam denk geldi. 'Bir kadına kendinden daha az değerli bir adamın nasip olması büyük talihsizliktir.' Can Yücel'in sözüymüş, çok doğru söz, helal olsun."

Sosyal medyada paylaşılan sözler de siyasetçiler gibiydi, asla güven olmuyordu.

Can Yücel'in değil o söz, Cesare Pavese'nin Yalnız Kadınlar Arasında *kitabından. Asıl trajik olan bu değil. Trajik olan cümleyi okuyan herkesin doğru bulması. Çoğu insan* "daha az değerli" *tarafın kendi olabileceği ihtimalini aklına getirmez bile. Bu sözü doğru bulanların çoğunluğu* "Kendimden daha az değerli biriyleyim, ne talihsizim" *diye hayıflanır. Ceyda'yı aldatan kocası da bu cümleyi alkışlar, gece ona mesaj atan metresi de, etinden sütünden faydalanmak için onunla birlikte olmaya devam eden Ceyda da, ben de. Çok az insan bu söz üzerine kendini sorgular. Çok az insan daha iyi bir insan olmak için çaba ortaya koyar. Asıl sorun bu işte.*

Ceyda istifini bozmadan sigarasını sessizce tüttürmeye devam etti. Arkadaşı daha yumuşak bir tona geçti:

"Sen çok zeki ve temiz kalplisin Ceyda. Serkan'ın sana yaşattığı mutsuzluğu hak etmiyorsun."

"Yaşamayı seçtiğin mutsuzluk" *değil,* "Serkan'ın sana yaşattığı mutsuzluk"... *Pasiflikten ölüyor cümle.*

"Mutsuzluğu sefalete tercih ediyorum, tamam mı? Bu konuda daha fazla konuşmayalım, sıkıldım. Güzel şeylerden söz edelim."

"Mutsuzluğu sefalete tercih ediyorum." *Ortada bilinçli bir seçim var. Seçiminin sorumluluğunu da üstlenen bir cümle. Harbi kızmış.*

Arkadaşı anlayışlı bir yüz ifadesi takınarak elini kadının elinin üzerine koydu:

"Canım arkadaşım. Tamam, özür dilerim seni üzdüysem. Ne olursa olsun yanındayım biliyorsun."

"Biliyorum. Zaten şu ömürde bütün mesele birkaç iyi dost bulmak, gerisi boş. Her şeyi paylaşacağın bir kişi bile yeter. Sen şimdi tatlı bile paylaşırsın benimle."

Kadının bir süredir mutsuz duran dudaklarına içten bir gülümseme yayıldı:

"Paylaşırım. Hadi tiramisu söyleyelim. Buranın tiramisusu efsane."

"Oh be! Deminden beri boşa konuşup duruyoruz, sanki konuşmak bir şeyi çözecekmiş gibi. Bir kadının hak ettiğinden daha az tatlı yemesi talihsizliktir. Can Yücel demiş."

Gülüştüler. Belki de Ceyda haklıydı. Herkes kendi seçiminin bedelini o ya da bu şekilde ödüyordu. İyi seçimler, kötü seçimler, doğru seçimler, yanlış seçimlerin ötesinde, sadece seçimler ve bedeller vardı.

"Kahveniz Zeynep Hanım, orta şekerli."

"Eline sağlık Hasan Bey."

"Afiyet olsun. Her zaman beklerim. Güneş'i de getirin bir gün."

***

Güneş uyumadan önce kitap okuma saatimiz için odasında baş başaydık. Günün en sevdiğim, en sakin saatiydi bu. Sadece ikimiz, kitaplar ve sükûnet... Eylülde ilkokula başlayacaktı. Bir değişimle daha karşı karşıya gelecek olmanın onu endişelendirdiğini görebiliyordum. İnsan bu kadar kısa sürede babasını, arkadaşlarını, alıştığı hayatı kaybetmeye nasıl dayanırdı sahiden?

"Anne, ben okul değiştirmek istemiyorum. Okulumda kalsam olmaz mı?"

"Haklısın yavrum, ben de olsam okulumdan ayrılmak istemezdim. Ama bu okulda kalamazsın, neden biliyor musun?"

"Neden?"

"Çünkü anaokulundan daha büyük bir sınıfa geçecek kadar büyüdün, şimdiki okulun büyük çocuklar için uygun bir yer değil."

"O zaman büyümek istemiyorum. Büyümek çok zor. Hep birilerinden ayrılmak zorundasın."

Büyümek hep birilerinden ayrılmaktır yavrum.

"Doğru, büyümek çok zor. Ama biliyor musun, zor olan şeylerin çok güzel bir tarafı var. Nasıl anlatsaaam... bir düşüneyim. Hah, buldum! Hatırladın mı, seninle geçen ay saksıya tohum ekmiştik."

"Evet, pembe benekli beyaz saksıya."

"Şimdi o tohum ne oldu?"

"Çiçek açtı."

"Evet, hem de çok güzel bir çiçek. Kendini o çiçek gibi hayal et. Tohumun içinde olduğun zamanı düşün. Kim bilir kabuğunun içinden çıkarken ne kadar zorlanmışsındır. O kabuğun içinden çıkarken üzerinde nasıl bir ağırlık hissetmişsindir."

Dar bir yerden çıkmaya çabalayan biri gibi debelendim.

"Ya o çiçek zor diye vazgeçseydi, kabuğundan hiç çıkmasaydı, dünyayla buluşabilir miydi?"

"Hayır, hem de küçücük kalırdı."

"Doğru. Hem biz de onun güzelliğini, kendini gerçekleştirmesini izleyemezdik."

"Kendini gerçekleştirmek ne demek anne?"

"İçinde olan güzellikleri dışarı çıkarmak demek. Dünyaya en güzel halinle katılmak, ona bir şeyler katmak demek. O tohum kendini gerçekleştirmeseydi onu hiç tanımayacaktık. Çiçeğinin şeklini, kokusunu, rengini bilemeyecektik. Küçücük ve karanlıkta kalacaktı. Belki orada konforlu olacaktı ama konforlu olmak her zaman iyi bir his değildir."

"Konforlu ne demek?"

"Rahat olmak demek. Rahatsız hissetmemek."

Sessizce bir noktaya dalıp gitti. Onun bu sakince düşünme halini izlemeye bayılıyordum. Çoğu insan konuşurken dinlemez, dinledikleri üzerinde durup düşünmez. O durup düşünüyordu. Kendi küçük dünyasında yapabildiği kadarıyla düşünerek cevap veriyordu. Konuştuklarımızı zihninde işlediğini hissediyor, sessizliğine ve yavaşlığına saygıyla eşlik ediyordum.

"Büyümek için üzülmek zorunda mıyız anne?"

Üzülmek zorundayız canım yavrum. İşin gerçeği bu. Zorlanmak, esnemek, bazen kırılmak ve kendimizi onarmak zorundayız. Zorluklar sevimsizdir ama seni onlar büyütür. Yoksa büyümüş gibi görünen ama karakteri güdük insanlardan olursun. Üzülmek zorundasın.

Ellerini ellerimin arasına aldım:

"Peki, şöyle düşün. Elbiselerin de sen büyüdükçe sana küçük geliyor, öyle değil mi?"

"Mavi fırfırlı eteğim artık bana küçük geliyor diye Nisan'ın kardeşine vermiştik."

"Evet, o da çok sevinmişti. Şimdi gittiğin okul da mavi fırfırlı eteğin gibi. Sen geliştiğin, büyüdüğün için sana küçük gelmeye başlayacak. Şimdi oraya sadece Nisan'ın kardeşi yaşında çocuklar gidebilir. Biliyor musun, bazen etrafındaki insanlar bile sana küçük gelebilir Güneşciğim."

Kıkırdadı. Ellerini dürbün gibi gözünün önünde birleştirerek başını yüzüme iyice yaklaştırdı. Sıkılınca yaptığı sevimli şımarık hareketlerdendi bu.

"Kö-çök-in-son-looor! İnsanlar nasıl küçük gelebilir anne? Çamaşır makinesinde mi çekmişler?"

Birlikte güldük.

"Komik kızım benim, babasının kızı."

Keşke sen de burada olsaydın Can.

"Yok, makinede çekmemişler tabii. Sen kendini zorlayıp gelişmeye çalışırken bazı insanlar yerinde sayar. İmkânları olsa da yeni bir şey öğrenmezler. Her şeyi kendilerine ezberletildiği gibi konuşurlar, hiç kendileri için düşünmemişlerdir çünkü."

"Papağan gibi mi yani?"

"Aynen öyle, papağan gibi. Papağan mükemmel bir canlıdır, o ayrı. Papağanın öyle yapması normal. Ama biz insanız, kendimiz için düşünebiliriz."

"Başka ne yapmamıştır küçük insanlar?"

"Hiç sevmemişlerdir mesela."

"Sevmek büyütür mü?"

"En çok sevmek büyütür."

"Başka ne yapmamışlardır anne?"

Zor sohbet neyse ki kendi kendine bir nevi oyuna dönüşmüştü.

"Sonraaaa, hiç kötü bir şekilde düşmemişlerdir çünkü hiç risk almamışlardır. Bak, senin dizlerinde yaralar var çünkü cesursun."

Dizindeki kabukları elledi.

"Parkta koşarken düşmüştüm, hatırladın mı anne?"

"Hatırlamaz mıyım?"

"Dizim kanayınca çok korkmuştum."

"Sadece cesur insanlar korkar."

Suratıma şaşırmış gibi baktı:

"Korkarsam cesur olmam ki."

Söylediğimin bir yetişkine bile mantıksız gelebileceğinin farkındaydım. İnsanların çoğu cesareti büyük destanlarda ve kahramanlık hikâyelerinde aradığı için kendi küçük hayatlarındaki cesur adımların farkında bile değillerdi.

"Tam tersine, çok cesur olursun. Düşmekten korksaydın hiç koşmazdın, olduğun yerde dururdun. Hiç koşmadığın için hiç düşmezdin. Düşmediğin için yaran da olmazdı. Cesaret korkuna rağmen adım atmaktır kızım, bunu sakın unutma."

"Düşünce çok ağlamıştım ama."

"Ağlamak kötü değildir yavrum. Ben ağlarken sen yanıma gelip 'Ağla anne, ağlamak iyidir' demedin mi?"

"Ama sen düşmemiştin, canın sıkılmıştı."

"Bazen yere düşmeden de çok canın yanar, dışarıdan görünmez. Canının acıması geliştiğini, büyüdüğünü, cesaretli olduğunu gösterir. Hiç hayal kırıklığı yaşamayan, hiç hayal kurmamış biridir. Sen çok güzel hayaller kuruyorsun. Bazıları gerçekleşecek, bazıları olmayacak. Sen yine de hayal kurmaya cesaret edeceksin. Hayal kurmadan olur mu zaten?"

O zaman hiç yaşamamış gibi mi olurdum yani?"

Her çocuk filozoftur sözü ne kadar doğru... Mülozof, çok özlüyorum seni. Kızın da aynı senin gibi. İyi ki.

"Evet, hiç yaşamamış gibi olurdun kızım."

Yine sessizce uzaktaki bir noktaya daldı. Biraz sonra yatağından kalkıp kitaplığına gitti. Kitapların içinden birini seçip bana getirdi.

"Anne hadi, *Keşiş Yengeci*'ni okuyalım."

"Ooo, en sevdiğim."

Çocuklar yaralarına iyi gelecek merhemi nasıl da biliyordu. İlkyardım kutusundan ilaç seçer gibi, gidip kitaplıktan kendisine en iyi gelecek kitabı seçmişti. Kitabın kapağını ürpererek açtım. İlk sayfanın köşesinde Can'ın el yazısı vardı: "Keşiş Yengecim'e, sonsuz sevgiyle... New York." Yanına sonsuzluk işareti koymuştu. Onunla tanıştığımız akşam bu kitaptan söz etmiştik. Sonra ilk yıldönümümüzde bana kitabı hediye etmişti:

"Bir gün çocuklarımıza okursun."

"Bir: Evlenmeyi düşünmüyorum. İki: Ben niye okuyorum ya, sen de babası değil misin? 'Bir gün çocuklarımıza okuruz' deseydin bir ihtimal evliliği düşünebilirdim, artık çok geç."

"Tamam, bir akşam sen okursun, bir akşam ben."

"Boşa uğraşıyorsun. Ama kitap şahane. Çok teşekkür ederim."

Çok teşekkür ederim Mülozof. Her şey için. Bu güzel kitap için, bu güzel çocuk için, birlikte yaşadığımız her şey için. Birlikte yaşayamadığımız her şeyde de özleminle yanımda olduğun için.

"Anne niye ağlıyorsun? Sevmiyor musun bu kitabı?"

"Olur mu, çok seviyorum. Çok duygulandığım için ağlıyorum. Baban bana bu kitabı hediye ettiği için mutluluktan ağlıyorum, daha güzel bir hediye olamazdı. Bizim kızımız sen olduğun için mutluluktan ağlıyorum."

Sesime neşeli bir hava katmaya çalıştım.

"Az kaydır bakalım poponu, yanına geleyim."

Kucağıma yerleşip başını göğsüme yasladı. *Büyümekle ilgili söylediğim her şeyi unutsak mı acaba kızım? Şu anda sonsuza dek asılı kalsak, böylece yaşayıp gitsek olmaz mı?*

"Eveeet, başlayalım bakalım."

"Taşınma zamanı," *dedi Keşiş Yengeci bir ocak günü.* "Bu küçük kabuk için fazla büyüdüm."

Kabuğunda güvenli ve rahat hissediyordu. Ama biraz fazla rahattı. Keşiş Yengeci kabuğundan fırlayıp okyanusa doğru ilerledi. Ancak içinde saklanacak bir kabuk olmadan açık denizler çok korkutucuydu.

"Ya büyük bir balık gelip bana saldırırsa," *diye düşündü.* "Yakında yeni bir ev bulmalıyım."

Şubat başlarında Keşiş Yengeci tam aradığı evi buldu. Bu büyük bir deniz kabuğuydu, hem de güçlüydü. Hemen ona ta-

şındı, nasıl bir his olduğunu anlamak için içinde biraz sallandı, kıpırdaştı. Tam ona göreydi. "Ama nasıl desem, biraz boş görünüyor," *diye düşündü.*

Güneş'in sesi kesilmişti. Uyuduğunu düşünüp sustum. Biraz sonra heyecanla bağırdı:

"Anne, ağustosa gel, hep birlikte ormanda korktukları yere gel."

"Peki. O zaman yanına aldığı arkadaşlarıyla yosun ormanına ışınlayalım onu hemen."

Ağustosta Keşiş Yengeci ve arkadaşları denizyosunlarından oluşan bir ormana geldiler. "Burası çok karanlık," *diye düşündü Keşiş Yengeci.*

"Ne kadar da loş," *diye mırıldandı denizlalesi.*

"Ne kadar da kasvetli," *diye fısıldadı denizyıldızı.*

"Ne kadar bulanık," *diye şikâyet etti mercan.*

"Hiçbir şey göremiyorum," *dedi salyangoz.*

"Gece gibi!" *diye bağırdı denizkestanesi.*

Güneş iyice heyecanlanmıştı:

"Ama oradan kurtulacaklar!"

"Evet, hep birlikte çıkacaklar oradan. Sadece biraz sabretmeleri ve umutlarını yitirmemeleri gerek."

"Babam gidince ben de çok korkmuştum. Beni sevmediği için gitti sanmıştım."

Gecenin orta yerinde birden elime patlamaya hazır bir bomba vermişti küçük kızım. "Haydi, imha et" der gibi bakıyordu yüzüme. Ne diyeceğimi kestiremediğim anlardan biriydi. Sözler ağzımdan çıkmak yerine boğazımda düğümlenip kalmıştı. Gücümü topladığıma emin olunca cevap verdim:

"Baban seni çok seviyordu. Sen de biraz sessiz kalıp kalbinin sesini dinlersen bunu duyabilirsin."

"Kalp konuşur mu ki?"

"Evet, biraz sessiz ve yalnız kalırsan, kalbinin sesini duymaya başlarsın."

Yatakta doğrulup kulağını kalbine doğru yaklaştırmaya çalıştı.

"Önemli kararlarda hep kalbinin sesini dinle kızım. O sana doğruları fısıldar."

"Anne, sen hep benimle kal."

"Söz, ben hep seninle kalacağım."

İyi ki başa konan öpücük var, kelimeler yetmediğinde imdada yetişen sarılmalar var. Sarılmak, zor anlarda gözyaşlarını saklamak için icat edilmiş olmalı.

Uykusu iyice kaçmış, heyecanı daha da katlanmıştı:

"Sonunu okuyalım hadi anne, Keşiş Yengeci küçük yengece bıraksın evini."

"Peki, o zaman yılın hangi ayına ışınlanıyoruz?"

"Ocaaaak!"

Sayfaları aceleyle ocak ayına çevirdi. Kitabı defalarca okumuştuk, artık ezbere biliyordu. Buna rağmen her seferinde aynı heyecanı duyarak dinliyordu. Babası gibi, sıradan olandan mutluluk devşiriyordu:

Sonraki ocak ayında Keşiş Yengeci kabuğundan çıktı ve yerine küçük yengeç yerleşti. "Bu küçük kabukta sonsuza dek kalamazdım," *dedi Keşiş Yengeci ona el sallarken.*

Okyanus hatırladığından daha da büyüktü, ancak Keşiş Yengeci korkmuyordu. Bir süre sonra kendisi için mükemmel evi gördü. Büyük, boş bir deniz kabuğu. Şey, içi biraz boş görünüyordu ama...

"Sonra ne oluyordu, sen söyle bakalım Güneş?"

"Süngerleri hatırlıyordu, önüne çıkacak bir sürü güzel seçeneği düşünüyordu."

"Eveeeet, aferin sana. Senin de yeni okulunda önüne çok güzel seçenekler çıkacak kızım. Uyumadan önce onları hayal et."

"Hadi anne, devam et."

"E bitti zaten."

"Hayır bitmedi! 'Başlamak için sabırsızlanıyorum,' *dedi Keşiş Yengeci.* O cümleyi okumadın!"

"Peki, pardon. 'Başlamak için sabırsızlanıyorum,' *dedi Keşiş Yengeci.* Eveeeet, hikâyemiz burada sona erdi, artık uyku zamanı."

"Hayıııır, *sonunu kendin yazma oyunu* oynayalım."

"Kendi hikâyemizin sonunu yazmak bizim elimizde," demiştim ona. Sonra bu oyunu uydurmuştum. Kitap okuduğumuz zamanlarda, hikâyenin sonunu biz yazıyorduk bazen. Mutlu son, mutsuz son, acı son, tatlı son bizim elimizde oluyordu. Bizim bakış açımızda bitiyordu bütün hikâyeler. Bizim bakış açımızda devam ediyordu. Ona hiçbir sonun dayatılmasını istemiyordum. Hatta son diye bir kavrama inanmasını istemiyordum. Her sondaki yeni başlangıcı görsün istiyordum. Biten her hikâyenin yeni bir hikâyenin başlangıç umudu olduğunu anlamasını diliyordum. Hiçbir şeyin sona ermediğini, sadece başka bir şeye dönüştüğünü, her şeyin aktığını görebilsin istiyordum.

"Tamam, oynayalım. Sonra derhal uykuya. O zaman söyle bakalım, bu sefer hikâye nasıl devam etsin?"

"Hmmm... 'Keşiş Yengeci gülümsedi. Önüne çıkan her engeli yenmiş ve geçmişti. Çünkü o bir yen-geçti!' Anne bak, yen-geç!"

"Vaaay, süpersin! Hiç böyle düşünmemiştim. Yen-Geç, yendi ve geçti. Ne yaratıcı bir kelime oyunu! Tebrik ederim."

"Hadi şimdi de sıra sende anne."

“Peki. Düşüneyim bakalım. Ben senin kadar iyi olmayabilirim ama deneyeceğim.”

“Dene anne, cesaretli ol, cesaret korkuna rağmen adım atmaktır,” diye kıkırdadı.

Gülümsedim.

“Keşiş Yengeci içindeki kocaman kabuğa çekildi. Bu kabuğun adı sevgiydi. Dışarıda ne felaket olursa olsun, onu içinden kimsenin alamayacağını düşünerek rahatladı. ‘Sevgi, sevgi, başka bir şey yok,’ dedi gülümseyerek.”

Destek için teşekkürler anneanne.

Güneş heyecanla ellerini çırptı.

“Haydi bakalım, doğru uykuya. Sabah kahvaltıda sütün yanına en sevdiğin kurabiyeden yapalım birlikte.”

“Yaşasın! Süt ve kurabiye! Anne, ben uyuyana kadar gitme, olur mu?”

“Buradayım, bir yere gitmiyorum kızım.”

Ben odanın önüne süt ve kurabiye bırakıp gitmeyeceğim kızım. Sabah birlikte uyanacağız, birlikte kurabiyeler yapacağız. Hayatın bize sunduğu iyi kötü ne malzeme varsa birlikte pişireceğiz, birlikte oturacağız o sofraya. Seni bırakıp gitmeyeceğim, söz. Hayallerini, hayatını çalıp gitmeyeceğim. Ne olursa olsun yaşamayı seçeceğim.

Sen de ne olursa olsun yaşamayı seç kızım. Hayat denilen bu hediye atın dişine bakmadan, paketten ne çıkarsa çıksın cesaretle karşıla. Hayat zorluklara rağmen değil, zorluklar olduğu için de yaşamaya değer, bu sözümü yabana atma.

İyiliğe inan kızım. İyilik zayıflık değildir, asıl zayıflık iyiliği zayıf görmektir, bunu hiç unutma. İnsanın içinde iyi de var kötü de, kötülükle karşılaştığında iyinin de var olduğunu hatırlat kendine. Seni tehdit edenler olursa avazın çıktığı kadar ba-

ğır, sakın kimse duymaz diye pes etme. Haksızlığa uğradığında susma. Susmak yenilmektir. Ezildiğin yerde durma, başka bir yol mutlaka vardır kızım.

Etrafında seni sarıp sarmalayacak güzel insanlar olacak; bulanık ve kasvetli yollarda yürürken onlara güveneceksin. Başkalarından yardım istemek zayıflık değil, bilakis güçlü olduğunun göstergesi. Ama önce kendine yetmeyi öğren. Kendine yetmeyi önemse. Önce kendine yurt ol. Kendine yurt ol ki sen de zamanı gelince başkalarına yurt olabilesin. Asla yalnız olmadığını bil, ama yalnız olabilmeyi de bil kızım.

Gerçek sevgiye inan kızım. Sana artık zamanın değiştiğini, sevginin, aşkın eskilerde kaldığını söyleyen olursa kulak asma. Bir an önce uzaklaş yanından. Sevgi de var, aşk da. Bekle, daha azına razı olma. Bulduğuna emin olduğun zaman da kolay kolay bırakma. Sevgi çaba ister, çabala. Senin için çabalamayanla da uğraşma, bırak gitsin. Sen çok değerlisin, bunu hep kendine hatırlat. Yanlış insanlar yüzünden doğrunun varlığına olan inancını yitirme. "İnsanlar hep" *diye başlayan cümlelerin çaresizliğine teslim olma. Kapıyı kapama. Gerçek sevgi güzeldir, küsüp kendini bu ihtimalden mahrum bırakma kızım.*

Bir hayatın var unutma; başkasının senden istediği hayatı değil, kendi seçtiğin hayatı yaşa. Kendi hayatının kahramanı ol, mağduru değil. Seçimlerinin sorumluluğunu üstlen, kimseyi suçlama. Kendi hikâyeni kendin yaz. Sana ayrılan süre içinde olabilecek en güzel şekilde yaz. Canla başla, ağlayarak, gülerek, düşerek, kalkarak, öğrenerek, anlayarak, anlamaya çalışarak yazmaya devam et. Hatalarının üzerine kırmızı çizgiler çekmeden, hüsranın öğrettiklerine hürmet ederek, düştüğünde yerde biraz oturup dinlenerek, sonra kalkıp tozlarını silkeleye-

rek yola devam et kızım. Karanlık yoğunsa ışığını kendin üret, küçük adımlarla da olsa yürümeye çaba sarf et.

Bir zaman sonra katettiğin yola geri dönüp bakacak, ne çok şey öğrendiğini göreceksin. Olduğun kişi için kendine teşekkür edeceksin. Bir türlü öğrenemediklerin de olacak. Onlar için de kendini affet kızım.

İnsanlar seni aldatırsa sakın hayata dair inancını yitirme. Dostlarına, ağaçlara, kitaplara sarıl. Ama ağaçları kitaplardan okuyup sevebileceğini sanma. Sevmen için gerçekten sarılman gerek. Her şeyi kitaplardan öğrenebilirsin kızım, ama yaşamadan anlayamazsın. Anlamak için yaşamalısın.

Kitapları çok sev kızım ama ağaçları daha çok sev. Kitaplar ağaçların zeki çocuklarıdır ama bilgelik, ki zekâdan üstündür, ağaçlarda yaşar.

Bu dünyadan ayrılma vaktim geldiğinde birlikte yaşadığımız anları hatırlayıp gülümse. Beni yanında bulamadığın gün içine bak, orada olacağım. Beni hatırladığın her yerde sana gülümsüyor olacağım. Okuduğumuz hikâyelerde, yaptığımız sohbetlerde, paylaştığımız anlarda saklı olacağım. Sevgi dolu bir öpücük göndereceğim sana; pırıl pırıl akan nehirle, perdenin altından odaya süzülen güneş ışığıyla, elinin üzerine konan uğurböceğiyle, sokakta kucağına oturan kediyle, rüzgârda oynaşan ağaç dallarıyla selam göndereceğim sana. Ben hep yanında olacağım.

Her şey değişir ve yeniden başlar.

Son yok kızım. Son yok.

Sadece yeni başlangıçlar var.

Güven bana.